AF469552

ERNEST JOVY

Correspondant du Ministère de l'Instruction publique.

FRANÇOIS TISSARD

ET

JÉROME ALÉANDRE.

CONTRIBUTION A L'HISTOIRE DES ORIGINES

DES ÉTUDES GRECQUES EN FRANCE.

VITRY-LE-FRANÇOIS

Typographie J. DENIS et C°, rue Dominé de Verzet, 13.

1898

A M. PIERRE DE NOLHAC

Conservateur du Musée National de Versailles,
Directeur a l'École des Hautes-Études.

Hommage d'affectueuse reconnaissance.

A M: Pierre de Nolhac,
Conservateur du Musée national de Versailles,
Directeur à l'Ecole pratique des Hautes-Etudes.

FRANÇOIS TISSARD & JÉROME ALÉANDRE

CONTRIBUTION A L'HISTOIRE DES ORIGINES

DES ÉTUDES GRECQUES EN FRANCE [1].

> Les siècles n'ont pas eu raison du fier fantôme ;
> Ils n'ont pas su coucher dans le commun tombeau
> L'esprit altier des Grecs et leur amour du Beau.
>
> . . . .
>
> Cette Hélène immortelle apparaît, couronnée
> De roses, et tendant au cœur inquiété
> La coupe de jeunesse et de sérénité.
>
> (P. Bourget, *Les Nostalgiques*, dans : *Revue des Deux-Mondes*, 15 décembre 1894, p. 883.)

I

FRANÇOIS TISSARD.

A la fin du XV⁰ siècle, au commencement du XVI⁰, tandis que l'Italie érudite avait depuis longtemps com-

(1) Cf. sur ce travail annoncé depuis longtemps : *Rapport sur l'Ecole pratique des Hautes-Etudes (section des sciences historiques et philologiques),* 1886-87, p. 15 ; Pierre de Nolhac, *Le grec à Paris sous Louis XII, Récit d'un témoin,* dans *Revue des Etudes grecques,* t. I, n° 1, janvier-mars 1888 ; Pierre de Nolhac, *Les Correspondants d'Alde Manuce, Matériaux nouveaux*

mencé sa renaissance ([1]) intellectuelle et était décidément revenue à ces éternels enseignements qu'offrent aux générations successives les grands monuments de la pensée latine et grecque, Paris, la vieille capitale de la théologie scolastique, se passionnait encore assez peu pour l'antiquité classique.

Guillaume Tardif, Guillaume Fichet ([2]) et son disciple, Robert Gaguin ([3]), avaient commencé à donner des leçons de rhétorique et cherché à remplacer le latin barbare des écoles par un latin plus conforme aux modèles classiques dont les Italiens s'efforçaient alors d'imiter la pureté. Un homme contribua pour une large part à ce retour vers la culture de la langue et de la littérature romaine : ce fut Heynlin von Stein ([4]) qui, devenu recteur de l'Université de Paris, chercha à faire

d'histoire littéraire, Rome, Imprimerie vaticane, 1888, p. 62, 66, 67 ; Pierre de Nolhac, *Le premier travail français sur Euripide, la traduction de François Tissard*, dans les *Mélanges Weil*, Paris, Fontemoing, 1898, p. 299 ; de la Ville de Mirmont, *La Moselle d'Ausone*, Bordeaux, Gounouilhou, 1889, *Introduction*, 2ᵉ partie, p. XXXIX ; Dorez, *Recherches sur la bibliothèque du Cardinal Girolamo Aleandro*, Paris, Bouillon, 1892, p. 1, et dans *Revue des Bibliothèques*, février 1892 ; H. Omont, *Essai sur les débuts de la typographie grecque à Paris* (1507-1516), Paris, 1892, p. 6.

(1) Cf. ce que dit Eugène Müntz, *La Renaissance en Italie et en France v l'époque de Charles VIII*, Paris, Firmin-Didot, 1885, Introduction, page 3 : « [La Renaissance est] un terme qui séduit par je ne sais quel charme mystérieux ; car si « naître » est un acte indissolublement lié au fait même de l'existence, « renaître » implique l'idée d'immatérialité, d'affranchissement du joug de la loi commune, du triomphe remporté sur les agents de la destruction et de la mort ; il n'est donné de « renaître » qu'aux œuvres de l'esprit. »

(2) Guillaume Fichet a résumé les leçons de rhétorique qu'il professait à la Sorbonne dans son *Traité de rhétorique*. Il alla mourir à Rome. Cf. Philippe, *Origine de l'imprimerie à Paris*, Paris, Chavanez frères, 1885, in-4°, p. 14, et *Guillaume Fichet, sa vie, ses œuvres*, Annecy, 1892, p. 80 et *passim*.

(3) Sur Robert Gaguin, cf. Philippe, *Guillaume Fichet*, p. 38, 41, 49, 117, 122, 155 et *passim*, et *Origine de l'imprimerie*, etc., p. 107, 173, 201 et *passim*.

(4) Sur Heynlin von Stein, cf. Philippe, *Origine de l'imprimerie à Paris*, p. 14, et *Guillaume Fichet*, p. 80 et *passim* ; Jean Janssen, *L'Allemagne et la Réforme*, t. I, *L'Allemagne à la fin du moyen-âge*, Paris, Plon, 1887, p. 98, et les sources auxquelles renvoie cet auteur sur Stein.

prévaloir en France les études anciennes. C'est à ces libres esprits qu'est dû l'abandon du latin monotone de la scolastique. C'est à Heynlin que Paris doit aussi sa première imprimerie établie par les typographes connus sous le nom de « frères allemands », Ulric Gering (1), Martin Krantz et Michel Friburger. Heynlin et Guillaume Fichet ont été animés du même esprit, ont eu les mêmes aspirations, encore un peu indécises, vers la pensée antique. Fichet se lia avec le cardinal Bessarion, l'un des plus puissants fomentateurs du mouvement grec en Italie et le défenseur de Platon ; il l'aida de ses avis quand ce cardinal vint en France auprès de Louis XI pour engager ce prince à faire une croisade contre les Turcs (1471). Guillaume Fichet semblait déjà vouloir ainsi faire songer à la Grèce et à la littérature grecque.

A la suite du latin repris à sa source était venu naturellement le goût et le besoin du grec (2). Quelques maîtres

(1) Sur Ulric Gering, voy. les deux livres précités de Philippe ; Henri Bouchot, *Le Livre*, Paris, Quantin, p. 53 ; sur les débuts de l'imprimerie à Paris, quelques mots intéressants d'Alfred Franklin, dans l'*Avant-propos* du *Catalogue des incunables de la Bibliothèque Mazarine*, Paris, Welter, 1893. — Berthold Rembolt succéda à Gering et transporta son imprimerie dans une maison que lui avait louée la Sorbonne dès 1507, rue Saint-Jacques, vis-à-vis de la rue Fromentel. Il continua de prendre l'enseigne *Au Soleil d'Or* et fit de nombreuses impressions.

(2) Il est à peu près habituel de considérer le moyen-âge comme une époque de pure barbarie. Il y a assurément une grande part d'exagération dans cette idée courante. Voici en tout cas quelques textes propres à faire réfléchir les contempteurs de cette période :

« L'investigation du moyen-âge est hérissée de difficultés : aussi souvent on a mieux aimé le condamner que de se donner la peine d'en embrasser l'étude. Cependant il est incontestable que les sciences et la philosophie y acquirent le plus magnifique développement. Déjà Leibniz nous avait laissé entrevoir que cet âge renfermait de grandes richesses, qu'il appartenait à la patience de faire ressortir. Grimm, Jourdain et Humboldt en font le plus bel éloge... Ainsi que l'a exprimé Gœrres, dans son ouvrage sur les *Anciens livres du peuple*, il ne faut pas étudier le moyen-âge avec dédain, mais il faut le parcourir avec foi, avec amour ; alors « la porte d'airain qui nous en sépare, se brise et, à la lueur de cette lampe qui a pâli dans le cours des siècles, nous revoyons tout ce que ces temps de naïve croyance et de chevalerie ont enfanté... » (A. Pouchet,

Histoire des sciences naturelles au moyen-âge, Paris, Baillière, 1853, *Préface*).

« Il est probable que, si l'on fouillait, pour les mathématiques et pour l'astronomie, les bibliothèques, comme M. Daremberg les a fouillées pour la médecine, on trouverait des traces témoignant que ces deux sciences ont continué à être cultivées. De la sorte on verrait que dans ces siècles préparatoires, tandis que la société religieuse et la société politique se fondaient avec la condition d'incorporer les barbares, l'héritage scientifique de l'antiquité se transmettait et que les sciences, comme un feu précieux gardé sous la cendre, s'alimentaient, sans éclat, il est vrai, mais sans risque de s'éteindre, prêtes, dès que les circonstances deviendraient favorables, à donner flamme et chaleur. » (E. Littré, *La science en Occident avant l'introduction des livres arabes*, dans *Etudes sur les barbares et le moyen-âge*, Paris, Didier, 1867, p. 241).

« On m'a reproché d'avoir repoussé les opinions qui font du moyen-âge un abîme de superstitions et de ténèbres, d'avoir vanté les bienfaits de l'Eglise quand elle demeure seule debout entre Rome défaillante et la barbarie envahissante, d'avoir, etc... Ainsi donc je continue à soutenir l'opinion qu'au moyen-âge appartient une place honorable dans le développement humain et que, prenant les choses où Rome, incapable de suffire plus longtemps à la tâche sociale, les quittait, il n'a laissé ni périr ni rétrograder les évènements que le monde ancien lui remettait, comme à son héritier, dans les plus graves et les plus difficiles circonstances qui se puissent imaginer..... (Littré, *De l'histoire des lettres et des beaux-arts pendant le XIV° siècle*, eod. libr., p. 370.)

A cette époque que l'on considérait à ce point barbare, on a refusé tout *humanisme*. Pourtant, comme le dit M. Faguet dans la *Préface* de son *Seizième siècle*, p. XV, « l'humanisme n'a presque point cessé d'être depuis l'antiquité jusqu'à nos jours.... L'humanisme s'est seulement accusé et précisé au XVI° siècle. » « Il ne faut pas oublier, dit aussi M. Hauser, que, si la découverte de l'Italie donna à la Renaissance française un tel branle, c'est qu'elle était déjà presque à moitié faite dans les esprits. » *(De l'humanisme et de la réforme en France*, 1512-1552, Paris, 1897). On a nié qu'on eût cultivé le grec au moyen-âge. Quelques ouvrages ont heureusement combattu cette assertion. Heeren, par exemple, dans sa *Geschichte der classischen Literatur im Mittelalter*, Göttingen, 1822, 2 vol., Giangirolamo Gradenigo dans son *Ragionamento istorico intorno alla letteratura italiana*, Brescia, 1759 (Bibl. Nat., Z 2380 D 5 ; ex libris d'Ansse de Villoison). l'abbé Tougard, dans *L'hellénisme dans les écrivains du moyen-âge du septième au douzième siècle*, Paris, Lecoffre, 1886. Jourdain, dans ses *Recherches critiques sur l'âge et l'origine des traductions d'Aristote*, Paris, Joubert, 1843, dit très justement, p. 43 : « Il serait également faux de nier que la connaissance du grec se fût entièrement perdue en Occident durant le moyen-âge, et d'affirmer que cette langue y eût été cultivée avec fruit et par un grand nombre de personnes vouées au culte des lettres » et p. 44, il cite un assez grand nombre de faits attestant la culture du grec au moyen-âge.

Un érudit allemand, Georgius Lizelius, s'était prononcé dans le même sens, quoiqu'il fut protestant, dans son *Historia poetarum Graecorum Germaniae a renatis litteris ad nostra usque tempora*, Francofurti et Lipsiae, 1730, au § VII de ses *Prolegomena :*

« Idem quoque de illis seculis quae Medii aevi nomine insigniri solent, observandum est. Nulla gens tam barbara fuit, quae Graecas Musas e terris suis penitus ejecisset. Fuerunt semper in Germania, Italia, Gallia, Anglia, Hispania

italiens ou byzantins enseignèrent auprès de la grande
Université les lettres « grégeoises ». En 1472 (?) un
Italien, Grégoire de Citta di Castello, surnommé Tifer-
nas (¹), parce qu'il était de Tiferno, avait eu pour élèves

et aliis Europae provinciis viri, qui Graece docti erant. Ubi autem lingua
Graeca, ibi quoque est Poesis Graeca. Equidem tunc temporis in omni politiorum
studiorum genere magnum fuisse defectum, et majorem adhuc in Religione
obscuritatem haud abnuo ; ac tantam ubique fuisse barbariem, quantam plerique
effingunt, nemo mihi persuadere potest. Horridissimam seculi barbariem,
summas studiorum tenebras, altissimum Musarum silentium, maximas artium
ruditates, obscurissima hominum ingenia conqueruntur, accusant, et quid non
clamitant ? Sed frustra. Evolvamus modo, ut jam de solis Germanis eorumque
studiis Graecis dicam, illius aevi annales, et vestigia in iis reperiemus illorum,
qui et linguam, et quandoque etiam Poesin graecam, excoluerunt. Imo adfuerunt
inter Germanos Arabice, Syriace et Hebraice periti. Hoc tamen in iis culpo
quod linguam Graecam et Arabicam ad melius intelligendum Aristotelem potius
quam ad Sacrum Codicem recte interpretandum Graecam et Hebraicam
adhibuerint. »

(1) Je mets ici en note quelques détails sur ces premiers hellénisants à Paris
si mal connus. Humphry Hody, dans son *De Graecis illustribus linguae graecae
literarumque humaniorum instauratoribus, eorum vitis, scriptis et elogiis
libri duo*, Londini, Davis, 1742, p. 233 : « Parisiis primus omnium Graecorum
literas graecas publice professus est Georgius Hermonymus Charitonymus
Christonymus Spartanus. Primus omnium, inquam, Graecorum, non omnium
hominum primus. Nam ante illum easdem ibidem literas profiteri primus omnium
coeperat Lilius Gregorius Tiphernas, Emanuelis Chrysolorae discipulus, quem
male Naudæus in numero Graecorum reponit ; adveniens iste ex Italia, patria
sua, ubi jam diu professus fuerat, Parisios ad rectorem Academiae accedebat,
operamque suam offerebat in docenda lingua Graeca ac stipendium sibi tribui
postulabat juxta decretum concilii Viennensis, quo sancitur ut professores
linguarum Graecae, Hebraicae et Arabicae in Academiis Parisiensi, Oxoniensi,
Bononiensi, Salmanticae et Romanae Curiae instituerentur. Rector, etsi miratus
est hominis peregrini pauperisque audaciam, tamen ad concilium referebat. Ibi
laudata est voluntas Tiphernatis decretumque stipendium graeceque docere
jussus est. Ita Graeca lingua Parisios primum invecta est ; nempe circa an. 1472
testatur Philippus Melanchthon in oratione *De studio linguarum*, habita an. 1533,
Gregorium Tiphernatem ante annos LX venisse Parisios. Et liquet ex epistola
quadam Jacobi cardinalis Papiensis professum fuisse Tiphernatem anno 1471,
non in Gallia, sed Perusiae in Italia. » — Cf. aussi Bœrner, *De doctis hominibus
Graecis, literarum graecarum in Italia instauratoribus liber*, Lipsiae, 1701, p.
193 : « Tiphernas, a patria Tipherno, Umbriae oppido, Tiphernatis accepit
agnomen. » — Voici les auteurs auxquels renvoie Bœrner : « Phil. Melanchton,
in orat. de Io. Capnione, Declamat. ed. Argentor., t. 1, p. 620, Petr. Matthaeus,
Histor. Ludouici XI., l. XI, p. 734 sq., qui ex schola Manuelis Chrysolorae illum
ipsum prodiisse addit ; Gabr. Naudaeus, in *Addit. ad. histor. Ludov. XI*, p.
185 ; Bulaeus, *Hist. Univ. Paris*, l. V, indice ; Sixt. Amama, in *Paraenesi de*

Robert Gaguin et Jean Stein (?). On raconte qu'après avoir professé longtemps en Italie, Tifernas vint à Paris, alla trouver le recteur de l'Université et lui offrit ses services pour enseigner le grec. On lui devait, disait-il, un traitement en vertu d'un décret du Concile de Vienne par lequel des professeurs de grec, d'hébreu et d'arabe devaient être institués auprès des universités de Paris, d'Oxford, de Bologne, de Salamanque et près de la cour de Rome. Le recteur s'étonna de l'audace de ce pauvre professeur étranger ; mais il se rendit à ses désirs et lui confia l'enseignement du grec. C'est ainsi, s'il faut en croire ces récits un peu étranges, que la langue grecque fut apportée, au dire des « Renaissants », pour la première fois à Paris, et Philippe Mélanchthon, dans son discours *de studio linguarum*, prononcé vers 1533, affirmait que Grégoire Tiphernas était venu enseigner à Paris quelque soixante ans auparavant, vers 1472, par conséquent.

Vers 1476 enseigna, dit-on, un certain Tranquillus Andronicus dont le passage en France est assez problématique, bien que Du Boulay assure qu'il vint à Paris sur la fin du règne de Louis XI. C'est aussi l'avis de Raphael de Volaterre. Mais comme il mourut, de l'avis de ce dernier, presque aussitôt après son arrivée dans cette ville, de vieillesse et de maladie, nous pouvons passer bien vite (¹).

excitandis SS. linguarum studiis, sub init. ; Bayle, *Dict. hist. et crit.*, t. III, p. 377. » — On trouve à la Bibl. Nat. (Mss. lat., nouv. acq. lat., 177) des vers de Gregorius Tiphernas sur la flotte des Vénitiens. Cf. aussi *Gregorii Tipherni, poetae illustris, opuscula*, Argentorati, chez Matthias Schurer, juillet 1509 (Bibl. Nat., Réserve, mYc 724).

(1) Cf. Bœrner, *De doctis hominibus Graecis literarum graecarum in Italia instauratoribus liber*, Lipsiae, 1701, p. 105; Du Boulay, *Hist. univ. Paris*, l. V, index : « Tranquillus Andronicus Dalmata, Graecus exsul, regnante adhuc Ludovico XI, Lutetiam venit et publice Graecas litteras exponit » ; Hody, *De Graecis illustribus linguae graecae literarumque humaniorum instauratoribus,*

C'est de quelques disciples de Grégoire Tiphernas qui était ou parti de Paris ou mort, que Jean Reuchlin ([1]) apprit en 1473 les premiers éléments du grec. Reuchlin, après être retourné en Allemagne, revint à Paris vers 1476. Il y trouva Georges Hermonyme de Sparte qui enseignait le grec et dont il suivit les cours où il expliquait Homère et Isocrate. Georges Hermonyme apporta avec lui ou copia à Paris une soixantaine de manuscrits grecs que se partagèrent les grands seigneurs et les érudits du temps. Il s'acquit en effet une grande réputation comme calligraphe, mais il ne paraît pas avoir laissé à ses élèves, et il en eut d'illustres, — Reuchlin et Beatus Rhenanus, Erasme et Budé, — un excellent souvenir de la solidité de son enseignement.

Seul, Reuchlin qui enseigna le grec à Orléans et à Poitiers, lui a rendu un témoignage assez favorable. Dans une lettre de novembre 1509, Beatus Rhenanus, de Schlestadt, parlait ainsi de Georges Hermonyme ([2])

corum vitis, scriptis et elogiis libri duo, Londini, Davis, 1742, p. 227 et suiv. ; Raphael Volaterranus : « Demum in Galliam Comatam penetravit, dum ibi majora speraret emolumenta : ubi parvo post tempore, cum esset tam magnopere senex, morbo extinctus est. » (d'après Hody, *libr. cit.*, p. 228) ; Naudé, in *Additamentis ad historiam Ludovici XI*.

(1) Cf. sur les études grecques de Reuchlin à Paris, Lizelius, *Historia poetarum graecorum Germaniae a renatis literis ad nostra usque tempora*, Francofurti et Lipsiae, 1730, p. 2 ; To. Henricus Majus, *Vita Jo. Reuchlin Phorcensis, Primi in Germania Hebraicarum, Graecarumque et aliarum bonarum litterarum instauratoris*, Francofurti et Lipsiae, 1687, p. 11–18 ; Ludwig Geiger, *Johann Reuchlin, sein Leben und seine Werke*, Leipzig, 1871, p. 17.

(2) Cf. Omont, *Hermonyme, maître de grec à Paris*, Paris, 1881 ; *Catalogue des mss. grecs de la Bibliothèque de François Ier au château de Blois*, 1518–1544, Paris, 1886, p. 8. — On a donné à Georges Hermonyme les noms suivants : Georges Hermonyme Charitonyme Christonyme. — Humphredus Hodius, libr. cit., p. 233 et suiv. : « A discipulis quibusdam Gregorii Typhernatis qui brevi post vel obierat vel Parisiis recesserat, elementa Graeca Parisiis edoctus est anno 1473 Johannes Reuchlinus, tum admodum adolescens primus omnium in Germania linguarum Graecae et Hebraicae professor publicus. Qui post Hermonymi adventum e patria, quo reversus fuerat, Parisios rediens,

Graece illum docentem assecutus est. Et ab eo etiam venuste pingere literarum figuras didicit ; qua industria venit [Reuchlinus] in multorum notitiam et peculium paravit. Petebant enim multi describi ab ipso grammatica elementa et paginas Homeri et Isocratis qui enarrabantur. Se « anno 1473 elementa Graeca Parisiis ex discipulis Gregorii Typhernatis accepisse et post aliquot annos, e Suevia redeuntem ad Parisios, Georgium Hermonymum Spartiatam graece docentem assecutum fuise » scribit ipse Reuchlinus in epistola ad Jacobum Fabrum Stapulensem. Et rursus in praefatione *Rudimentorum hebraicorum* fatetur se Hermonymo debere quod linguae Graecae ignarus non esset. Extant ad illum Hermonymi epistolia duo, alterum graece, latine alterum, quod datum est Parisiis 1478 : « *Georgius Hermonymus Spartiata Joanni Phorcensi salutem, etc.* » — « Eum Sixto IV ante adventum in Galliam in gravissimis etiam negotiis inserviisse ab eoque in Angliam missum fuisse ad liberandum archiepiscopum Eboracensem indeque venisse in Galliam intelligimus ex nota eiusdemmet Georgii in fine Cointi Smyrnaei ab eodem diligentissime exarati asservatique Romae in bibliotheca Barberina. Quam edidit Allatius in commentariis de Georgiis [et latine sic vertit] : « Absolutus est hic liber continens poema Cointi Calabri, postquam ex Albione Britannica insula Lutetias in Galliam commeassem, manu Georgii Hermonymi Spartiatae, quia « maximo Pont. Sixto IV missus fueram ad liberandum Jorcae archiepiscopum anno a Christo nato 1476, hecatombaeonis mensis secundum Athenienses, quem Junium Romani dicunt, die 28. » — « Exstat Mahummetis vita ab eo latine a graeco conversa, excusa Basileae, 1541. » — « Monodia ejus in Georgii Gemisti Plethonis obitum servatur in bibl. Augustana, ubi nominatur Hermonymus Christonymus. » — « Charitonymi Christonymi capita decem pro divinitate Christi et Christianae religionis veritate, graece cum versione sua ac notis ex ipso auctoris autographo, in bibl. Augustana reperto, publici juris fecit Jo. Wegelinus, Aug. Vind , 1611. » — « Erat Christonymus cognomen aliorum apud Graecos scriptorum. Manuelis Christonymi tractatus : *An virgo deipara honoranda sit prae cherubinis*, servatur Parisiis in cod. reg. 1686 (in catalogo Posseviniano male dicitur Manuel Chryssostomus). At vero hunc eumdem fuisse cum Hermonymo Charitonymo demonstrant haec verba in cod. ms. supra titulum notata [graece] : Charitonymus Christonymus Hermonymus. » — « Tribuitur ei Latina versio libelli Gennadii Scholarii, patriarchae Constantinopolitani, cui titulus : *Via salutis hominum*, ubi perperam pro Georgio nominatur Gregorius Hermonymus Spartanus. Sed istius revera translationis auctor fuit. » — Cf. Rebitté. *Guillaume Budé*, p. 254-255.

Le traité de Charitonyme Christonyme, publié par Johannes Wegelinus Augustanus, Augustae Vindelicorum, 1611, se trouve à la suite de *Sancti Cyrilli Alexandrini et Joh. Damasceni argumenta* et de Michaelis Pselli *capita undecim Theologiae de sancta Trinitate et persona Christi*, p. 163.

Cf. Bœrner, p. 192 ; Leo Allatius, *De Georgiis et eorum scriptis diatriba*, à la suite de : Georgii Acropolitae, magni logothetae, et Michaelis Ducae nepotis *Historia Byzantina* (Bibl. Nat., Invent. J. 817) : « Item vertit e Graeco in latinum Mahumetis vitam, edidit sub Georgii nomine Robertus Winter, Basileae, in-8°, 1641, cum aliis. »

Le *Catalogue de la bibliothèque d'un chanoine d'Autun*, publié par Mlle Pellechet (t. XVIII des *Mém. de la Société éduenne*, p. 84) indique le volume suivant à la bibliothèque du grand séminaire d'Autun : Gennadius Scholarius. *Via salutis hominum*. — Parisiis, Michael Vascosanus, 1533, in-4° (cote 189) :

en s'adressant à Reuchlin lui-même : « *Hermonymus Lacedaemonius, non tam doctrina quam patria clarus, olim tibi apud Parisios praeceptor et mihi Graecae linguae tyrocinia exposuit, tui subinde memor* ([1]). » Mais dans la préface de la grammaire grecque de Michel Hummelberger, publiée à Bâle en 1533, préface que nous reproduisons en appendice, il s'exprimait d'une façon beaucoup moins louangeuse : « *Hermonymus, parum candidus praeceptor qui in emungenda pecunia strenuus erat, in docendo malignus. Non falsa praedico ; norunt omnes quibus aliquando cum Graeculo res fuit* ([2]). » — « J'ai suivi les leçons d'un maître grec, dit Erasme, tout à fait grec ou plutôt deux fois grec ; il était toujours affamé et il enseignait à des prix démesurés ([3]). » Budé se plaint avec plus de violence et plus de verve encore : « .....Nouveau malheur, je rencontre un certain Grec, ou plutôt c'est lui qui vint s'emparer de moi pour faire de son écolier sa vache à lait ; et en effet il sut tirer de moi un argent considérable. Pourtant ce n'était pas un homme lettré ; j'avoue qu'il m'apprit à bien lire sa langue, à la bien prononcer ; mais en tout le reste il était au-dessous de sa tâche..... Au commencement je l'avais pris pour un très savant homme..... D'ailleurs il savait m'éblouir

---

fo 2 : Genadii Scholarii libellus..... qui describitur *Via salutis hominum* quem e graeco in latinum Georgius Hermonymus Spartanus accuratissime traduxit.

(1) Cf. Horawitz, *Briefwechsel des Beatus Rhenanus*, Leipzig, Teubner ; Schlestadt, novembre 1509.

(2) Voy. la préface de la grammaire grecque de Michel Hummelberger (*Epitome grammaticae graecae*, Michaele Humelbergio Rauenspurgensi autore, Basileae, Heerwagen, 1533) dans Adalb. Horawitz, *Michael Hummelberger*, Berlin, Calvary, 1875, p. 16, et dans notre appendice.

(3) « Menses aliquot graecum didascalum audire decreui plane graecum vel potius bis graecum, semper esurientem et immodica mercede docentem. » (Epistolae, 1499).

en déployant son Homère sous mes yeux et en me
nommant un à un les auteurs les plus célèbres.....
Mais peu à peu l'éclat que les nouvelles études jetaient
en Italie arriva par quelques lueurs jusque chez nous.
M'étant alors pourvu de livres, je recommençai à étudier
seul, faisant chaque jour double besogne. Résolu à
tout reprendre sur nouveaux frais, je renvoyai mon
Grec qui ne voulait pas me lâcher. N'ayant plus de
leçons à me donner, il me poursuivait pour me faire
acheter des livres ou payer des copies ; avec lui je ne
savais pas marchander ([1]). »

Il ne sera peut-être pas inutile de signaler ici, d'après
Erasme qui fut en relation avec lui, un Grec, Michel
Pavius qui se trouvait à Reims en 1499 ([2]), et de noter
comme un fait assez important pour la diffusion de l'hellénisme le voyage de Jean Lascaris en France et son
séjour à Blois en 1501 ([3]). Il avait accompagné Charles

([1]) Voy. la citation complète de Budé dans *Omnia opera Guilielmi Budaei,*
Basileae, 1557, in-fol., t. I, p. 362, lettre à l'évêque de Londres Cuthbert
Tunstall, et la traduction dans D. Rebitté *Guillaume Budé*, Paris, 1846,
p. 143. — Le Roy *(Regius)*, dans sa biographie de Budé, écrit : « Venit
eodem tempore Lutetiam Georgius Hermonymus qui se Lacedaemonium nuncupa-
bat, homo mediocris, et aut nulla aut humili doctrina praeditus. Hic, quia
solus in Gallia ea tempestate graece scire *videbatur*, initio fuit nostris hominibus summae admirationi. » (Le Roy, *Budaei vita*, Parisiis, 1540, p 10-11).

([2]) D. Rebitté, *Guillaume Budé*, p. 255.

([3]) Cf. Hody, *De Graecis illustribus linguae graecae instauratoribus*, etc.
Londini, 1742. « On doit reconnaître l'influence de J. Lascaris dans le choix
des mss. grecs de la Bibliothèque de Blois. » (Omont, *Catalogue des mss. grecs
de la Bibl. de François Ier au château de Blois*, 1518-1544, Paris, 1886, p. 9).
En 1544, à Fontainebleau, François Ier réunit encore à grands frais une admirable collection de mss. grecs sur les conseils de Lascaris et de Budé (Omont,
eod. loc., p. 11). « Non ita multo postea decedens ex Italia venit in Galliam Ianus
Lascaris, uir cum genere et nobilitate praestantissimus, tum Graecorum omnium
huius memoriae facile doctissimus. Qui, cognito Budaei studio in Graecas literas,
quanquam erga hominem mirifice afficiebatur, ejusque causa omnia cupiebat,
non multum tamen potuit innare : quum fere ageret in comitatu regis, aut lega-
tiones longinquas obiret et Budaeus in perennibus studijs domi se contineret.
Fecit tamen non inuitus quod potuit uir humanissimus atque facillimus, ut
praesens Budaeo aliquid praelegeret : quod uix in omni consuetudine uicies

VIII revenant d'Italie et, Charles étant mort peu après,
il était resté auprès de Louis XII. Budé dit avoir reçu
quelques leçons de Lascaris, une vingtaine tout au plus,
empêché qu'il était de lui en donner davantage par
ses occupations politiques et diplomatiques, et c'est à
Budé qu'il confiait ses livres pendant ses voyages :
« .....*In queis praecipue colui Joannem Lascarim,*
« *virum Graecum utraque lingua pereruditum ; fecit*
« *libens id demum quod potuit, ut et nonnunquam*
« *praesens mihi aliquid praelegeret, id quod vicies non*
« *contigit, et absens librorum scrinia concrederet et penes*
« *me deponeret.* »

Le plus ancien professeur français de grec au XVIe
siècle, paraît avoir été Denys Lefèvre. En 1504, reçu
maître ès arts, à seize ans, il prend un emploi de régent
de littérature, *classicus grammaticus*, au Collège de
Coqueret. Il passe au Collège d'Harcourt, attiré par
un salaire plus ample. Un grand concours d'auditeurs
vient à ses explications de Valère Maxime. Mais au
bout d'un an il rentre au Collège de Coqueret où il
explique, entre autres livres, la grammaire de Théodore
Gaza. C'était *à peu près* la première fois, dit Duboulay,
que l'on expliquait du grec dans l'Université de Paris :
« *Praeter publicam grammatices interpretationem Theo-*
dorum Gazam interpretatus est ; quae prima fere (¹)
fuit atticae linguae in academiam Parisiensem intro-

contigit, et absens libros suos quos emendatos maxime, et lectissimos habuit,
ejus fidei mandaret.... Ipse quidem Lascaris, etsi Graeci in communicanda
sua cum exteris laude parciores sunt, tamen admiratus elegantiam attici sermonis quam scribendo feliciter exprimebat, de eo dicere persaepe solebat (ut
scribit Lazarus Bayfius, uir amplissimus atque eruditissimus) quod olim de
Cicerone Apollonius dixit, nempe doctrinam et eloquentiam quae solae Graecis
erant relictae, sic per Budaeum, hoc tempore, in Galliam esse perlatas, ut olim
per Ciceronem ereptae languenti Graeciae Romam aduenerant. » (Ludovicus
Regius, *Budaei vita*, pp. 11 et 12).

(1) Ce *fere* est à noter.

ductio » (¹). Puis Lefèvre se fit moine ; il s'éleva aux plus hautes dignités de son ordre ; il était entré chez les Célestins de Marcoussis ; il devint prieur de leur couvent à Paris et vicaire général de l'ordre en France.

Letèvre d'Etaples, *Faber Stapulensis*, eut aussi un rôle très important au triple point de vue littéraire, philosophique et religieux. Aussi Beatus Rhenanus dit-il que ses contemporains le considéraient presque comme un dieu. *Johannes Arboreus*, en tête de ses *Scholia ad Praedicamenta Aristotelis*, Paris, 1533, in-8°, l'appelle *unicus philosophorum phoenix* (²). Scévole de Sainte-Marthe l'un des esprits les plus distingués de la Renaissance, dans ses *Elogia*, a rendu tout d'abord hommage à la bienfaisante influence de Jacques Lefèvre d'Etaples auquel il semble attribuer une action prépondérante sur le mouvement intellectuel d'alors en des termes chaleureux qu'il ne nous paraît pas inopportun de rappeler :

« *Torpebant ingenia Gallorum diuturnis ignorantiae tenebris inuoluta Lutetiaeque scholas omnes foedissima iampridem barbaries occupabat cum e Belgico littore tanquam sol nouus emersit Jacobus ille Faber qui, dissipata caligine, Gallicam iuuentutem ex altissimo veterno tandem excitaret liberalesque disciplinas turpissime iacentes, effuso purioris doctrinae lumine, primus illustraret et erigeret* » (³).

« Il y auoit desia long-temps que les Esprits des

---

(1) Duboulay, t. VI, p. 928 : Moreri, *Dict. hist.*, Paris 1699, t. II, p. 592, qui indique cette référence : « Histoire des Célestins, *Ms. in Biblioth. Paris.* » — Personne ne nous paraît avoir encore songé à étudier ce Denys le Fèvre.

(2) Cf. Marie Pellechet, *Catal. de la bibl. d'un chanoine d'Autun (Mémoires de la Société éduenne, t. XVIII, p. 18), n° 33.*

(3) Scaeuolae Sammarthani *Gallorum doctrina illustrium qui nostra patrumque memoria floruerunt, elogia*, Augustoriti Pictonum, ex officina Io. Blanceti, 1602, p. 2.

« François estoient assoupis dans les tenebres d'une
« profonde ignorance, qu'vne honteuse barbarie s'estoit
« insensiblement glissée dans tous les Colleges de Paris,
« et en auoit chasse l'Eloquence et la politesse, lorsque
« Jacques le Feure commença de paraistre au monde.
« Cet homme qui comme vn nouveau Soleil s'estoit leué
« du riuage de la Gaule Belgique pour dissiper les
« nüages de l'erreur, fut le premier qui travailla puis-
« samment à resueiller la ieunesse Françoise qui lan-
« guissoit dans la paresse et dans l'oysiueté » (¹).

Scévole aperçoit très bien l'influence italienne dans
le développement de l'humanisme français, et il ajoute,
à propos de ce même Lefèvre d'Etaples, qu'il fut poussé
à se donner tout entier à l'étude de l'antiquité, et par
sa propre activité, et aussi par l'exemple des savants
italiens : « *Partim suo impulsu, partim eruditorum
hominum qui tum in Italia florebant, exemplo et aemu-
latione incensus, totum se in illius boni cognitione et
scientia collocauit* ».

Ces mots sont une allusion discrète à ce fait que
Lefèvre d'Etaples s'était mis en relations directes avec
la science et l'érudition italienne. Dans sa traduction
des *Physici libri Aristotelis*, Parisiis, apud Simonem
Colinaeum, 1531, fᵒ 292 vᵒ (²), Lefèvre d'Etaples nous
parle expressément d'un voyage qu'il avait fait en
Italie : « *Honestus adolescens Guillermus Gonterius qui,
me per Italicam oram comitatus, multa officia praesti-
tit......* » Il avait même été visiter à Venise la bou-
tique d'Alde Manuce, comme l'attestent ces quelques
lignes des *Logica Aristotelis* où il raconte un fait relatif

(1) *Eloges des hommes illustres qui depuis un siecle ont fleury en France
dans la profession des Lettres*, composez en Latin par Scevole de Sainte-Marthe
et mis en François par G. Colletet, à Paris, 1644, p. 1-2.
(2) Bibl. de Vitry-le-François, D1.

aux marchands d'esclaves chez les Arabes, *apud gentem Agarenam*, que lui avait rapporté un personnage rencontré chez Alde et qui avait longtemps séjourné en Orient : « .....*Id Venetiis, in officina Aldi Manutii, uiri optimi summae industriae et ad institutionem litterarum totis quadam insita generositate uiribus excudendo ceteros superantis suamque naturae dexteritatem fortunate sequentis, ita narratum accepi..... »* (¹).

L'enseignement de Lefèvre d'Etaples eut certainement une portée considérable. Il contribua pour une large part à inaugurer cette vaste littérature francolatine unie par des liens si étroits à notre littérature nationale proprement dite de la même époque. Salmon Macrin, l'Horace du XVIᵉ siècle, l'ami de J. du Bellay et de Michel de l'Hospital, fut l'élève de Lefèvre d'Etaples, ce dont témoigne Scévole de Sainte-Marthe dans ses *Elogia* précités : « Ce fut à Paris, dit-il, que Macrin eut pour précepteur Jacques Lefèvre qui enseignait alors publiquement les bonnes lettres et qui, dans ce noble exercice, s'était depuis longtemps acquis une haute réputation » (²). Il fut aussi le maître du grand Budé qui, au rapport de Louis Le Roy *(Ludouicus Regius)*, reçut de lui des leçons de mathématiques : « *Mathematicas disciplinas ab Jacobo Fabro, nobili philosopho, didicit* » (³).

(1) *Logica Aristotelis*, ex tertia recognitione, Boetio Seuerino interprete, Jacobo Fabro Stapulensi ordinatore, Parisiis, ex officina Henrici Stephani, 1520 (la première édit. est de 1510), fᵒ 160, vᵒ. — Cf. le travail de M. Pierre de Nolhac, *Les correspondants d'Alde Manuce*, Rome, imprimerie Vaticane, 1888, p. 60.

(2) Scévole de Sᵗᵉ-Marthe, *Eloges*, traduits par Guillaume Colletet, 1644, p. 59.

(3) Louis Le Roy. p. 11, d'après D. Rebitté, *Guillaume Budé*, Paris. Joubert, 1846. p. 145 ; Baecker, *Loys le Roy*, Paris. 1896. p. 35. — Beatus Rhenanus, préface de l'*Epitome grammaticae graecae*, Basileae, 1533, de Michel Hummelberger, reproduite dans l'appendice de ce travail : « [Faber Stapulensis] tum propter emergentia studia meliora, quibus pro uirili succurrebat, tantum non deus quispiam videbatur. » Cf. Horawitz, *Mich. Hummelberger*, p. 16.

Grâce à lui, on songea davantage à la Grèce. Il mit en circulation les idées grecques, la pensée philosophique de la Grèce sous une forme au moins plus exacte et plus scientifique. Il traduisit nombre de traités d'Aristote. Budé lui-même publiait en 1502 la traduction latine du traité *de Placitis philosophorum*, en 1503, celle du traité *de Fortuna Romanorum*, en 1505, celle du *De tranquillitate animi*. Il faut encore, croyons-nous, rapporter aux débuts de ce grand homme la version d'un traité de Saint Basile : *Basilii Magni epistolae ad Gregorium Nazianzenum de vita in solitudine agenda* (¹). Erasme publiait à Paris, chez Josse Bade, sa traduction des *Dialogues* de Lucien et de l'*Hécube* et de l'*Iphigénie à Aulis* (²).

Jusque-là pourtant cet enseignement du grec et cet amour de l'hellénisme se réduisaient à fort peu de chose. De plus les étudiants ne pouvaient guère travailler seuls. Les textes, manuscrits ou imprimés, étaient peu répandus et très coûteux. Il fallait les faire venir à grands frais d'Italie. De là un obstacle presque insurmontable à la prompte diffusion des études grecques.

Les imprimeurs parisiens n'étaient pas outillés à cet effet. C'est à peine s'ils osèrent pendant longtemps introduire dans leurs impressions quelques mots, tout au plus quelques lignes de grec.

(1) Cf. D. Rebitté. *Guillaume Budé*, Paris, Joubert, 1846, p. 155 ; Eugène de Budé, *Vie de Guillaume de Budé*, Paris, Perrin, 1884, p. 61. — Panzer dans ses *Ann. typogr.* (t. VII, p. 514-515), indique ainsi les éditions de ces divers traités données en 1505 par Ascensius : « Plutarchi *de placitis philosophorum*, Guilielmo Budaeo interprete, Parisiis, Ascensiana accuratione impressum XV Cal. April. MDV. — Plutarchus, *de fortuna Romanorum et Alexandri et de tranquillitate animi ;* et Basilius Magnus, *de vita solitaria*, Budaeo interprete. Impress. Parisiis pro Oliverio Senant, commorantem (*sic*) in vico divi Iacobi ad intersignium Sanctae Barbarae, ex aedibus Ascensianis, MDV, in-4°. »

(2) Cf. sur les publications d'Erasme à ce moment, Pierre de Nolhac, *Erasme en Italie*, Paris, Klincksieck, 1888, p. 6-7.

C'est ainsi qu'en 1494, Gering, l'un des importateurs de l'imprimerie à Paris ou, pour mieux dire, son associé Berthold Rembolt, publia dans cette ville un gros volume in-folio, de Nicolo Perotti, intitulé : *Cornucopia seu commentarii linguae latinae* dans lequel il y a des passages en grec. Ce caractère n'est pas trop disgracieux ; il porte déjà les accents sur la lettre. C'est probablement le premier grec qu'on ait vu à Paris. Aussi l'imprimeur a-t-il cru devoir joindre au verso du premier feuillet de son livre l'alphabet grec, avec indication de la valeur de ces lettres en latin. Ce caractère figure encore dans le *Virgile* de 1498 et dans une seconde édition de Perotti de 1500, publiés par les mêmes imprimeurs (¹). En 1505, Josse Bade imprimait les *Annotations au Nouveau Testament* de Laurent Valla (²), en y introduisant quelques passages grecs, mais il s'excusait de la pauvreté et de la grossièreté de ses caractères (³). La même année parurent à Paris les *Institutiones Imperiales*, in-fol., en rouge et noir, *ex aedibus viduae Bertholdi Rembolt*. L'éditeur de cet ouvrage se faisait un mérite d'y avoir inséré quelques passages grecs pour lesquels Georges Hermonyme

---

(1) Aug. Bernard, *Les Estienne et les types grecs de François Iᵉʳ*, Paris, Edroin Tross, 1856, p. 58. — « Les deux éditions de Perotti, — dit M. Auguste Bernard, — se trouvent à la Bibliothèque Sainte-Geneviève. Le Virgile de 1498 est à la Bibliothèque de l'Arsenal (Bl. 250, in-4°). C'est l'exemplaire même de la Sorbonne. Ce livre jouit dans le temps d'une certaine célébrité. Il était considéré comme exempt de fautes, grâce aux soins de Paul Maillet, régent de l'Université et professeur d'éloquence, qui en avait surveillé l'exécution. La date d'impression se trouve sur le 7ᵉ feuillet, en comptant par la fin. Les mots grecs se trouvent à l'avant-dernier feuillet. »

(2) Laurentii Vallae *Annotationes in Novum Testamentum*, Lutetiae, 1505, in-fol. — Cf. Paul Dupont, *Histoire de l'imprimerie*, t. I, p. 124.

(3) « Badium habemus anno 1505 orantem ut chalcographorum erratis, praesertim in accentibus Graecanicis ob penuriam characterum humaniter ignoscatur. » Maittaire, *Annales typographici*, t. II, pars I, p. 95. — Cf. Paul Dupont, *Histoire de l'imprimerie*, t. I. p. 124.

l'avait aidé. On trouve dans le *Psalterium quincuplex* (¹)
et d'autres impressions du premier Henri Estienne
quelques phrases grecques fort incorrectement exécu-
tées et sans accents (²).

Ce fut en 1507 seulement que la typographie grecque
prit vraiment naissance à Paris avec François Tissard
et son imprimeur, Gilles de Gourmont.

François Tissard était d'Amboise (³), — *Franciscus*

(1) A propos du *Psalterium quincuplex*, citons ici une lettre inédite de M.
de la Barre à l'abbé Le Clerc : « Vous parlez très juste du *Quincuplex Psalterium* du célèbre Lefèvre ;.... je viens de voir la première édition chez un
avocat qui a l'exemplaire même destiné par l'auteur pour l'université de Paris
dont on voit les armes à la première page au haut d'un cartouche en miniature,
au bas duquel est l'écusson des Briçonnets avec la mitre et la crosse. A la fin
de cet exemplaire on lit que le livre a été finy en 1508 dans le monastère de
Saint-Germain-des-Prez et qu'il est sorty dé l'imprimerie de Henry Etienne le
dernier juillet 1509. » (6 juin 1723. — Bibl. Nat., Mss. fr. 24412). — Cf. Panzer,
Annales typographici, Nuremberg, 1799, t. VII, p. 538 ; [Gerdes], *Florilegium
historico-criticum librorum rariorum*, Groningae, 1747, p. 92-94.

(2) Dans les *Annotationes* Guilielmi Budaei Parisiensis, secretarii regii *in
quatuor et viginti Pandectarum libros* ad Joannem Deganaium, cancellarium
Franciae, Parisiis, ex officina Ascensiana, ad XV Cal. Dec. MDVIII, in-fol.
(Bibl. Nat., Inv. Réserve, F. 114), on rencontre, répandus dans tout le corps
de l'ouvrage beaucoup de mots grecs et même d'assez longs passages (voy. par
exemple, fol. XIII), mais sans accents. — Quelques mots et vers grecs se rencontrent plus tard avec rareté et discrétion dans : *Cl. Claudiani Proserpinae
raptus, cum Iani Parrhisii commentariis, ab co castigatis et auctis accessione
multarum rerum cognitu dignarum.* Venumdantur a Pontio Probo, Bibliopola, in
aedibus Poti Stannei commorante. Impressum Parisiis per Antonium Bonnemere,
impensis Pontii Lepreux, anno Domini MCCCCCXI, die vero XVIII decembris. —
Encore en 1517, dans son édition des *Adagia* de Polydore Virgile, Jean Petit
laisse en blanc des lignes qui devaient contenir du grec *fidelium penuria
compositorum* (Chevillier, *L'origine de l'imprimerie de Paris*, 1694, p. 192.)

(3) Amboise était vraiment le lieu de naissance « harmonique » de ce promoteur et de ce vulgarisateur en France des études grecques, Amboise à qui
A. de Reumont a consacré une si belle page dans sa *Jeunesse de Catherine de
Médicis* (trad. A. Baschet, Paris, Plon, 1876, p. 22) : « Des remparts du
château d'Amboise la vue planait avec délices sur la belle Touraine et sur la
vallée de la Loire. C'était le séjour favori des Rois de France, depuis que
Charles VII avait réuni Amboise à la couronne de France. C'est en effet le pays
des plus magnifiques châteaux royaux et seigneuriaux de la France : le château
de Blois, où l'architecture du moyen-âge coudoie celle de Louis XII et de
François Ier ; ensuite Chambord, la merveille de la Renaissance ; et Azay-le-
Rideau, et Chenonceaux, où Diane de Poitiers et Catherine de Médicis ont habité,

Tissardus Ambacaeus. Chalmel dans son *Histoire de Touraine* (¹), place la naissance de François Tissard aux environs de 1460 (?). Sa famille était l'une des plus notables d'Amboise. On trouve parmi les élus d'Amboise en 1487 et 1497 son père, Jehan Tissart. Un Estienne Tissart (²), probablement parent de l'helléniste, était vers la même époque « garde du scel royal establi et dont l'on use aux contractz en la ville et chastellenie d'Amboise. » François Tissard avait fait de bonne heure ses humanités et sa philosophie à Paris. De là il était allé étudier les droits, — les *décrets*, — à Orléans qu'il quitta bientôt à cause de la licence effrénée de ses écoles, où ce n'était alors qu'une suite de divertissements, jeux de paume, danses, festins, orgies même. Il se détourna bien vite des plaisirs d'Orléans, *voluptates Aurelianas*, suivant son expression, pour aller en Italie.

Il y fréquenta successivement les universités de Ferrare et de Bologne. A Ferrare où il resta trois ans, sans doute de 1502 à 1505, il s'adonna à la littérature classique,

et qui rivalisent en beauté, sinon en grandeur, avec Chambord ; puis Loches qui nous rappelle à la fois Agnès Sorel et le malheureux Ludovic le Maure. Ce fut là, à Amboise, que Louis XI fonda l'ordre chevaleresque de Saint-Michel, que Charles VIII naquit et fut élevé, qu'il fit venir des architectes italiens pour de nouvelles constructions, et qu'il mourut, en laissant à ses deux successeurs la tâche de transformer l'ancien château selon le gracieux et harmonieux style de la Renaissance. »

(1) Paris-Tours, 1828, 4 vol., t. IV, p. 475.

(2) Cf. l'abbé Chevalier, *Inventaire des Archives municipales d'Amboise, passim* et *index*. Les documents mentionnés sur Estienne Tissart sont de 144:-1448, 1455, 1472, 1473 et 1477. Le domaine de Villetissard, situé près d'Amboise, à la limite de Noizay et de Négron, paraît avoir emprunté son nom à cette famille. — D'après Abraham Tessereau, *Histoire chronologique de la Grande Chancellerie de France* (Paris, 1710, in-fol.) t. I, p. 104 et 117, un fils ou neveu de Tissard, portant aussi le prénom de François, fut « receu Secrétaire du Roy » « le 5 du mois de juillet 1543 ». Il mourut vers « le mois de may 1552 ».

sous Guarini de Vérone (¹) et Calphurnius de Padoue comme il l'atteste lui-même. Démétrius le Spartiate lui enseigna le grec. Un rabbin de la synagogue de Ferrare, nous dit Tissard dans son traité *De ritibus Iudaeorum*, lui donna des leçons d'hébreu et lui permit de se rendre compte des cérémonies du culte judaïque : « *Praeceptor meus eius [synagogae] magnus sacerdos erat ludique literarii eorum magister...* » L'enseignement des langues orientales était alors assez florissant en Italie. (²) Beaucoup d'Italiens illustres avaient, depuis le XVe siècle, cultivé l'hébreu : Poggio, Gianozzo Manetti, Paolo Canale (³), l'un des fondateurs de l'académie Aldine. Cet enseignement, comme nous aurons encore l'occasion de le remarquer, était d'ailleurs presque entièrement aux mains des Juifs.

Une maladie épidémique se répandit à Ferrare que Tissard quitta pour Bologne, Bologne, la « *mater studiorum* », comme on disait, et « alors comme aujourd'hui, un centre d'érudition considérable. » Là il suivit attentivement, comme il nous l'apprend dans son dialogue *Prothymopatris et Phronymos*, les cours des juristes Antonius Sollerius, Joannes Campeius, pour le droit civil, — ce dernier l'enseignait à Bologne depuis quarante ans, — et d'un Espagnol, Antonio de Burgos,

---

(1) Ce serait le dernier des fils du célèbre Guarino de Vérone, Battista Guarino, qui fut professeur à Bologne, puis à Padoue. — Cf. Prof. Remigio Sabbadini, *Guarino Veronese e il suo epistolario edito e inedito*, Salerno, 1885, p. 81-82 et passim.

(2) Cf. Angelo de Gubernatis, *Matériaux pour servir à l'histoire des langues orientales en Italie*, Paris-Florence, 1876 ; articles de Soave dans le *Bolletino italiano degli studi orientali*, vol. I, 1874.

(3) Cf. sur Paolo Canale, Pierre de Nolhac, *Erasme en Italie*, p. 47 ; — *Les Correspondants d'Alde Manuce*, lettres 32, 37, 88 ; J. Burckhardt, *La civilisation en Italie au temps de la Renaissance*, t. I, p. 369 ; Pier. Valerian., *De infelicitate litteratorum*, éd. Menken, p. 296.

Antonius Burgensis, pour le droit canonique (¹), si bien qu'il put prendre dans cette dernière université ses degrés de docteur *in utroque*. Si nous en croyons la très consciencieuse étude de Carlo Malagola (²), *Della*

(1) Cf. sur les divers maîtres de Tissard : Maittaire, *Ann. typogr.*, t. II, part. I, p. 96 : « Tandem in Academia Bononiensi Juris utriusque quod sub Joanne Campeio civile, canonicum sub Antonio Burgensi, celebribus ibi professoribus, didicerat, doctor creatus est, » et surtout l'étude de Carlo Malagola, *Della vita e delle opere di Antonio Urceo detto Codro*.

(2) M. H. Omont, dans son bel *Essai sur les débuts de la typographie grecque* publie, d'après une communication de M. L. Frati, bibliothécaire de l'Université de Bologne, les textes suivants tirés de ces *Acta collegii juris pont. et caes., a die 23. jan. 1501. ad diem 7. junii 1536* (R. Archivio di Stato in Bologna) et qui constatent la réception de François Tissard comme docteur en droit civil et canon :

« *Die Martis XVII^a Martii 1506*.

(P. 125). « Convocato et congregato dicto Collegio in Camera furni pallatii magnificorum dominorum antianorum, loco, etc. ; in qua quidem congregatione interfuerunt et intervenerunt D. Bartholomeus Bologninus, prior dicti Collegii, D. Ludovicus de Salla et D. Johannes Gaspar de Salla, D. Amadasius de Ghisileriis, D. Ludovicus Bologninus, D. Ludovicus de Calcina, D. Antonius Maria de Salla, omnes doctor s corporati ipsius Collegii ; ac etiam interfuerunt et intervenerunt : D. Laurentius de Campezio, D. Alexander de Paleotis, D. Camillus de Dulfis et D. Augustinus, supernumerarii, etc, omnes represtatantes *(sic)*, etc. Coram eis comparuit D. Franciscus, filius Johannis... de Francia, scolaris studentis in jure canonico. Et porrecta supplicatione supplicavit istum dispensari, quod admitti possit ad examen juris canonici, non obstante quod non legerit, neque repetierit, neque audiverit Decretum per integrum annum. Item, super chirotecis, etc. Item, quod una et cadem die possit subire utrumque examen, videlicet juris canonici et juris civilis. Item, super collatione, etc. Qua supplicatione lecta per me notarium infrascriptum, audientibus et intelligentibus prelatis doctoribus, prefatus D. Prior posuit partitum, videlicet qui, quibus placet quod dictus D. Franciscus super predictis dispensetur, ponant fabam albam, quibus idem non, ponant nigram ; et datis et collectis fabis per me notarium infrascriptum, et, eis visis, omnes fuerunt albae, et sic dictum partitum fuit solemniter obtentum. Et sic idem D. Prior pronuntiavit.

« D. Ieronymus de Sancto Petro, promotor de piside. »
« *Die Jovis decimo nono Martii 1506*.

(P. 126). « Convocato et congregato dicto Collegio in sacristia parva ecclesie cathedralis Bononie, loco solito et consueto, etc. ; in qua quidem congregatione interfuerunt et intervenerunt : D. Bartholomeus de Bologninis, prior dicti Collegii, D. Ludovicus et D. Johannes Gaspar de Salla, D. Amadasius de Ghisileriis, D. Ludovicus de Bologninis, D. Ludovicus de Calcina, D. Antonius Maria de Salla, D. Johannes de Campezio, omnes doctores corporati ipsius Collegii ; ac etiam interfuerunt et intervenerunt : Domini Alexander Paleotus,

vita e delle opere di Antonio Urceo detto Codro, 1878,
p. 103-106, il fut reçu docteur en l'un et l'autre droit
aux environs du 19 mars 1507 (n. st.). Ce qu'affirment
les registres de l'université de Bologne, conservés
aujourd'hui dans les archives *dell' Antico Reggimento*,
et intitulés l'un *Primus liber secretus Juris Pont. ab
anno 1377 ad annum 1528*, l'autre, *Acta Collegii Iuris
Pont. et Caes. a die Jan. 1501 ad diem 7 Junii 1536.*
Dans le premier de ces volumes on lit, f° 183, recto :

*Die martis que fuit dies XVII marcij, fuit dispensa-
tum cum Domino Francisco de Tissardis de Amboes (sic)
de Francia super obstantibus generalibus et super collatione, quia fuit valde parcus, et obtinuit, nemine
discrepante, quod posset se doctorari die Iovis proxima.*

*Die Jovis que fuit XVIII martij prefatus Dominus
Franciscus fuit examinatus et habuit duas reprobato-
rias et quinque approbatorias, tamen postea collegium
dispensavit viva voce quod diceretur, nemine discrepante. Promotores [fuerunt] Io. Campegius, qui eum
insigniuit, et dominus Ludouicus Bologninus.*

La dispense ou licence de Tissard pour l'examen de

D. Camillus de Dulfis et D. Augustinus Bero supranumerarii, etc., omnes
represtatantes, etc., et in ipso Collegio assistentes Eximio ll. doct. D. Jacobo a
Bove, vicario, et ut, et tanquam vicario excellentissimi D. archidiaconi Bono-
niensis, fuit presentatus per D. Ludovicum de Salla, D. Jeronymum de Sancto
Petro et D. Johannem de Campezio prefatus D. Franciscus de Francia, exami-
nandus et postea approbandus in jure canonico, et demum per ipsum D. Vicarium
doctorandus in ipso jure. Et examinatus fuit ita et taliter quod fuit approbatus,
unde habuit quinque approbationes et duas repprobationes. Qui D. Vicarius,
auditis predictis, eum consensu dictorum patrum pronuntiavit et declaravit
ipsum D. Franciscum fuisse et esse, nemine discrepante, approbatum. Et attenta
et approbatione facta per D. doctorem Collegii juris civilis, tuuc ibidem
congregatis et attentis omnibus aliis et pronuntiavit, declaravit, constituit,
creavit et fecit ipsum D. Franciscum doctorem in utraque censura, videlicet
juris canonici et civilis, ad laudem Dei. Amen.

« Et cui D. Francisco prefatus D. Johannes, suo et aliorum promotorum
nomine, dedit insignia in jure canonico, etc. Qui D. Franciscus in manibus
prefati D. Prioris juravit non esse contra Collegium neque doctores ipsius
Collegii, nisi suam vel suorum injuriam prosequendo. »

droit civil se trouve à la page 125 non num., et son doctorat en ce même droit est enregistré à la page 126 non num. du registre précité : *Acta Collegii*, etc.

A Bologne, Tissard s'occupa aussi d'humanisme : d'après Malagola, il est très probable qu'il entendit dans cette ville les leçons de Giovano Grecolino, professeur de grec. Il fut certainement l'ami ou l'élève de Giovanne Battista Pio dont Erasme a tant raillé l'affectation d'archaïsme ([1]). Tissard écrivit en l'honneur de Giambattista Pio l'épigramme suivante, imprimée à la fin des *Adnotationes linguae latinae graecaeque* de cet humaniste, imprimées à Bologne en 1505, « die X Januarii » :

Francisci Tissardi Ambacaei Galli

Σπουδαῖοι, ἢ ἀκριβῶς ζητοῦντες γράμματα, ταῦτα
Ζητεῖτε σπουδῇ, χερσὶν ἔχοντες ἀεί.
Ἡ βίβλος πάρα νῦν ἐθ᾽, ἧς ποθ᾽ ἱμείρεθ᾽ ἅπαντες
Ὄφρα δυνήσεσθε κρυπτάπερ ὄντα νοεῖν.
Εἰσὶν ποικίλαι, εἰσὶν καὶ μελιγήρυες, εἰσίν
Ὄσσοι Ἀπόλλωνος πέμψαμεν οὐρανόθεν.
Ἔγραψεν μὲν ὁ Βαπτιστὴς μέγας. Ἀλλ᾽ ὅχα μείζων
Αἰολομόρφους ποῦ τόυςδ᾽ ἀρ᾽ ὑφαίνε λόγους. ([2])

Il reçut aussi l'enseignement de Philippe Béroalde. Il put sans doute encore continuer ses études hébraïques

(1) Cf. Pierre de Nolhac, *Erasme en Italie*, 1888, p. 22 ; Erasme, *Epistolae*, t. III des *Opera omnia* de Leyde, 787 F ; Melior Adamus, *Vitae Germanorum superiorum*, t. 1, p. 90 : « Baptista Pius antiquitatem infeliciter aemulatus Oscos et Volscos sonabat. Hunc cum semel audisset interrogatus ab amico quid iudicaret, respondit : « Longe vicit opinionem meam. » « Quinam ? » inquit ille. Subiecit Erasmus : « Antea ineptum esse iudicaui ; nunc prorsus insanire eum comperi. »

(2) Je retrouve cette épigramme dans les *Annotationes doctorum virorum in Grammaticos, oratores, poetas, philosophos, theologos et leges*, Joannes Parvus et Io. Badius Ascensius, Parisiis, MDXI, à la fin des *Joannis Baptistae Pii, Annotationes Posteriores*, fol. CLXVII, v°.

à Bologne où, dès 1488, un « *magister Vincentius de Bononia* » avait enseigné l'hébreu et où abondaient les Juifs et les livres judaïques. (¹)

Nous avons la preuve des occupations littéraires de Tissard à Bologne et de ses travaux d'helléniste dans un manuscrit de la Bibl. Nat., *Lat. 7884* (²), qui renferme la traduction en latin de trois tragédies d'Euripide, dédiée à François, duc de Valois et comte d'Angoulême. Ce manuscrit, admirablement exécuté, a pour titre : *Ad Serenissimum et Illustrissimum Principem Franciscum Valesium, Valesiorum ducem et Angolismorum comitem, Dominum suum metuendissimum, Francisci Tissardi Ambacaei, Juris utriusque Doctoris, trium tragoediarum Euripidis e graeco in latinum traductio.* Il contient, à la suite de deux pièces, l'une en vers grecs, l'autre en vers latins, en l'honneur de la Vierge, une lettre liminaire (f° 1 à 9), que nous reproduisons en appendice, et datée de Bologne, *ex Bononia calendis aprilis*, sans mention d'année. Elle commence ainsi : *Illustrissimo ac Serenissimo Principi Francisco Valesio Valesiorum duci et Angolismorum comiti, D. suo, metuendissimo Franciscus Tissardus Ambacaeus V. Iuris Doctor S. P. D.* Dans cette préface Tissard déclare

(1) Cf. Gubernatis, *op. cit.* ; Vittore Rava, *Gli ebrei in Bologna, cenni storici* Vercelli, 1872.

(2) Bibl. nat., ms. latin 7884. Exemplaire de dédicace, aux armes de François, duc de Valois, et comte d'Angoulême, depuis François I⁰ʳ. Ce volume, composé de 107 feuillets de parchemin, mesurant 265 millim. sur 195, est recouvert de velours et provient de l'ancienne bibliothèque de Fontainebleau. M. H. Omont, dans son *Essai sur les débuts de la typographie grecque à Paris (1507-1516)*, a, croyons-nous, publié pour la première fois la préface de ce manuscrit. D'après lui, Tissard aurait, selon toute vraisemblance, traduit sur le texte de Jean Lascaris les trois premières des quatre tragédies d'Euripide publiées dans l'édition donnée par ce savant *(Euripidis Medea, Hippolytus, Alcestis et Andromache*, Florentiae, per Laurentium de Alopa, s. d., in-4°). M. Pierre de Nolhac, dans *Le premier travail français sur Euripide, la traduction de François Tissard* (Mélanges Weil, p. 299), est revenu sur ce manuscrit.

qu'il est poussé par une force invincible à s'arracher
aux études de droit pour s'occuper de grec et à entreprendre cette traduction par l'amour qu'il porte à François de Valois et aussi à sa petite patrie : « *Sola me
patriae, illarum uidelicet tuarum Ambacarum celebrium
atque diuinarum, gloria titilabat* » (f° 5). Dans cette lettre dédicatoire il célèbre son ancien maître de Ferrare,
« *Baptista Guarinus Ferrariensis, olim praeceptor meus
colendissimus et in universo orbe famatissimus et in
utraque lingua celebratissimus* », et il manifeste toute
sa joie d'être à Bologne qui lui paraît une nouvelle
Athènes, « *in hac candida Bononiensi uniuersitate quae
doctae Athenae merito nuncupari possunt* ».

Ainsi dès son séjour à Bologne, Tissard songeait à se
faire une réputation littéraire et il revint en France
avec le généreux désir de vulgariser la science autant
qu'il lui serait possible et de répandre les études et les
livres grecs dans l'Université de Paris où le *Graecum
est, non legitur* était amplement pratiqué et, comme
on le voit, pour une assez bonne raison, c'est qu'il était
difficile d'en lire.

Pour répandre la connaissance du grec et les textes
grecs, François Tissard avait rencontré un imprimeur,
Gilles de Gourmont qui demeurait dans la rue Saint-Jean
de Latran, près du collège et de la place de Cambrai,
et qui lui-même était versé dans les langues anciennes.

Le premier livre qui sortit des presses de Gourmont
sous les auspices de Tissard était naturellement l'un
des ouvrages réclamés par les premiers besoins de
l'instruction. C'était par des ouvrages élémentaires
qu'avait ainsi débuté à Venise Alde Manuce que Tissard
avait d'ailleurs rencontré à Venise : « *Aldus qualem
eum Venitiis novi et suis scriptis percepi.....* », dit-il

dans sa *Grammaire hébraïque*. Ce livre est celui qu'on appelle communément le *Gnomagyricus* (1). Voici le titre complet de cet ouvrage :

In hoc volumine contenta :

Alphabetum graecum,

Regulae pronunciandi graecum,

Sententiae septem sapientum,

Opusculum de inuidia,

Aurea carmina Pythagorae,

Phocylidae poema admonitorium

Carmina Sibyllae Eruthraeae de judicio χρῖ venturo,

(1) « Le titre de ce petit livre (γνώμων ἄγυρις, collection de sentences) est seul, à vrai dire, l'œuvre de Tissard, qui a emprunté, il ne semble pas qu'on en ait encore fait la remarque, les différents textes qui composent ce petit volume à une édition des *Eglogues* de Théocrite et autres opuscules, donnée par Alde Manuce plus de dix ans auparavant (Venise, février 1495 [1496, n. st.], in-fol.) Le *Liber gnomagyricus* en effet comprend exclusivement la reproduction, dans l'ordre même de l'édition d'Alde, de six des opuscules imprimés à la suite des *Eglogues* de Théocrite. La comparaison des titres des deux éditions d'Alde et de Tissard permet aisément de le constater :

TISSARD.	ALDE.
In hoc volumine contenta.	Hæc insunt in hoc libro.
Alphabetum *graecum*	Theocriti Eclogæ triginta.
Regulæ pronunciandi *graecum*	Genus Theocriti et de inuentione bucolicorum.
	Catonis Romani sententiæ paræneticæ distichi
Sententiæ septem sapientum ·	Sententiæ septem sapientum
Opusculum de inuidia ·	De Inuidia
	Theognidis megarensis siculi sententiæ elegiacæ
	Sententiæ monostichi per Capita ex uariis poetis.
Aurea carmina pythagoræ ·	Aurea carmina Pythagoræ
Phocylidæ pœma admonitorium ·	Phocylidæ Poema admonitorium.
Carmina sibyllae erythrææ de iudicio xpi venturo. ·	Carmina Sibyllæ erythrææ de Christo Iesu domino nostro.
Differentiæ vocum succinta traditio. ·	Differentia vocis.
	Hesiodi Theogonia
	Eiusdem scutum Herculis.
	Eiusdem georgicon libri duo. »

(H. Omont, *Essai sur les débuts de la typographie grecque à Paris (1507-1516)*, p. 5).

Differentiae vocum succinta traditio.

A droite de la marque de Gourmont on lit : Liber
gnomagyricus, et à gauche βίβλος ἡ γνωμαγυρική. Au bas
du titre : *Venales reperiuntur in vico Sancti Ioannis
Lateranensis, e regione Cameracensis collegii apud
Egidium Gourmont, diligentissimum et fidelissimum
bibliopolam.*

A la fin du volume se trouvent ces mots : *Operoso
huic opusculo extremam imposuit manum Egidius
Gourmontius integerrimus ac fidelissimus primus, duce
Francisco Tissardo Ambacaeo, graecarum litterarum
Parrhisiis impressor.* Anno a nativitate Domini
Mccccccvij. Pridie Idus Aug. (¹).

Ce livre parut, le 12 août 1507, sous le patronage
spécial du duc de Valois qui fut plus tard François Iᵉʳ
et n'avait guère alors que quatorze ou quinze ans et
sous celui de Jean d'Orléans, archevêque de Toulouse,
qui fut par la suite le cardinal de Longueville. Ce Jean
d'Orleans était le fils de François de Dunois, comte de
Longueville et de Tancarville, vice-roi de Normandie,
et d'Agnès de Savoie, sœur de Charlotte, femme de
Louis XI. Né le 24 avril 1484, il n'était qu'un jeune
homme de dix-huit ans, doué du naturel le plus heureux,
lorsqu'il fut élu, en 1502, archevêque de Toulouse.

(1) Bibl. Nat., X. 273 *Aa*. L'exemplaire de la Bibl. Nat. est rayé avec des Ω
très nombreux à la main, à l'encre rouge et à l'encre bleue. Il contient de
plus pour les textes de Périandre, de Bias et de Pittacus la traduction latine
mot-à-mot au-dessus des lignes grecques et en marge quelques observations de
grammaire très rares et très simples. Cf. sur le *Gnomagyricus*, Brunet, *Manuel
du Libraire*, t. I, p. 197-198 : Maittaire, t. II, p. 95 ; David Clément, *Bibliothèque curieuse*, 1750, in-4°, t. I, p. 206.

(2) Plus tard Jean d'Orléans joignit à l'archevêché de Toulouse l'évêché
d'Orléans. Il devint cardinal et mourut subitement âgé de 42 ans à Tarascon,
au moment où il se rendait à Marseille pour y saluer le pape qui allait assister
au mariage de Catherine de Médicis, sa nièce, avec Henri, duc d'Orléans. Cf.
l'abbé Selvan, *Histoire générale de l'église de Toulouse*, 1861, t. IV, p. 2-42 ;
Gallia Christiana, 1656, t. I, p. 701 ; t. II, p. 257.

Dans ce livre Tissard s'adressa fort adroitement au patriotisme des Français, alors en guerre avec l'Italie, pour leur faire prendre goût à la langue d'Homère. On fait ordinairement, disait-il, cette remarque en Italie que l'université de Paris ne s'occupe point du grec de la culture duquel les savants italiens s'enorgueillissent particulièrement. C'est par la connaissance du grec, ajoutait-il encore, que les Italiens affirment leur supériorité sur nous ; ils nous appellent des barbares et ils protestent contre nos tentatives de donner des lois à l'Italie et de dominer une nation raffinée, polie et profondément versée dans les belles-lettres. Tout en cherchant ainsi à piquer au vif l'amour-propre des étudiants français et en les engageant à soutenir leur renom par leur application aux lettres grecques, il les avertissait qu'il s'occupait de l'impression de livres grecs qui leur coûteraient fort peu et les aideraient beaucoup dans leurs études.

Voici d'ailleurs comment François Tissard présentait son livre au public, dans un latin barbare et embarrassé que l'on trouvera à l'appendice :

François Tissard d'Amboise à tous les esprits bienveillants et studieux qui aiment les lettres latines et sont curieux des lettres grecques, salut.

« Personne ne saurait mettre en doute, jeunes gens très modestes et très bienveillants, — car c'est à vous que je parle, c'est à vous que je m'adresse, — combien on doit estimer la connaissance du grec, non seulement parmi ceux qui se sont distingués dans la science et l'éloquence latine, — cette connaissance a été célébrée par Tullius et les autres grands orateurs, philosophes et médecins

et par tous ceux qui sont curieux des autres arts et des
autres sciences de ce genre, — mais encore parmi vous
qui vous efforcez de monter peu à peu jusqu'aux sommets
de la latinité. Combien il est pénible et ennuyeux de ne
pas saisir les mots grecs répandus ça et là non seulement
dans la prose, dans les livres d'histoire, dans les œuvres
d'éloquence, dans les lettres dont l'usage est partout
très fréquent, mais encore dans les compositions poétiques dont l'origine est grecque ! Quel a été l'esprit, l'intelligence, la pensée de ceux qui ont su tirer de la Grèce
ces conceptions avec tant de finesse, d'ingéniosité, de
perspicacité, personne ne le sentira, ne le comprendra
jamais si l'on n'est pas guidé par la connaissance du grec.
Vous trouverez tant d'obstacles et d'empêchements qui
vous arrêteront que vous arriverez à grand'peine à vous
en débarrasser, tant vous serez enlacé, enveloppé par
ces difficultés dont le grec ne vous donnera pas l'explication. Non-seulement les gens qui n'ont qu'une médiocre
instruction, lorsqu'ils rencontrent dans leurs lectures
quelques mots grecs d'origine que le latin a empruntés
et transformés, supportent avec peine de ne pas comprendre la signification grecque des uns, les inflexions
grecques des autres et sont comme entraînés constam-
ment dans un précipice dangereux. Mais même de
plus lettrés, s'ils tombent sur des phrases grecques
plus difficiles introduites par hasard au milieu des
phrases latines et s'ils n'ont pas auparavant étudié,
même un tout petit peu, les lettres grecques, ne peuvent
pas ne pas éprouver quelques difficultés et quelques
ennuis. Plus grandes seront les difficultés auxquelles
ils devront s'attaquer, s'ils rencontrent de tels passages, et on peut en rencontrer un très grand nombre
et presque une infinité, qui demandent et réclament

la connaissance du grec, plus rudes et plus marquées seront leurs erreurs, — qui pourrait en douter ? Ils devront être d'autant plus hésitants, incertains, indécis qu'ils seront plus jeunes et d'un esprit comme plus tendre. En effet les jeunes gens, parce qu'ils n'ont pas une grande expérience, n'ont pas encore hésité souvent et ne soupçonnent pas comme ceux qui sont plus mûrs que les fautes soient aussi faciles. Ainsi les uns comme les autres, — les uns, parce qu'ils sont souvent incertains et se trompent par ignorance du grec, les autres qui sont doués d'une bonne culture littéraire et d'autres qualités éminentes, parce que quelquefois et même trop souvent ils doivent s'arrêter pleins de doutes et d'incertitudes, — doivent s'efforcer par tous les moyens d'arriver à la connaissance de la langue grecque. Comment, quand les phrases grecques sont si bien fondues avec les latines, pourrait-on comprendre ces dernières, en négligeant et méprisant les autres ? Comment pourrait-on comprendre la finesse des paroles, tantôt à cause du sens particulier des termes, tantôt à cause de certaines allusions qu'on ne saisira pas, si l'on méprise et délaisse le grec. Je pourrais rappeler en ce moment beaucoup d'exemples de ce fait, si cette lettre déjà prolixe ne m'en empêchait, si je n'étais arrêté par le genre épistolaire et ses règles, si je n'avais peur de paraître vouloir mettre ici un appendice beaucoup plus considérable que ce petit livre lui-même. »

« Il me paraît en outre assez certain que vous n'ignorez nullement les effets de l'étude du grec, ce qu'elle apporte d'utilité, d'avantage et de commodité, enfin combien elle est nécessaire. Aussi ai-je pris soin de confier à la presse et à l'art des imprimeurs ce petit ouvrage grec, tout mince et peu compact et pourtant très grand et très digne d'être connu. J'ai exécuté cette idée avec de grandes peines, avec une inquiétude plus grande encore. Aucun imprimeur ne voulait se charger de ce travail ; tous voulaient échapper à ce labeur ; pas un ne voulait prendre sur lui la dépense. J'étais tout anxieux : la voie nous était fermée, le chemin coupé. Je ne voyais pas à quel moyen recourir et comment je pourrais les exciter, les presser et enfin les persuader. »

« En outre j'ai vu que les caractères grecs nous avaient manqué jusqu'ici et aussi que, pour graver et fondre quelques-uns d'entre eux et pour les approprier enfin et les adapter à l'impression, il fallait, comme on disait, de grands frais et de grandes dépenses auxquels je me suis bien volontiers engagé solidairement, de plus qu'on ne comprenait pas le grec, qu'on ne le lisait pas, qu'on avouait n'en avoir pas l'habitude, et de plus qu'il était imprudent de se mêler des affaires dont l'heureuse issue n'était pas évidente. Enfin il y a une chose qui m'a amolli, brisé, inquiété, qui a comme épouvanté mes forces et mon esprit affaibli et défaillant par les raisons précédentes et l'a presque forcé à succomber. Par plusieurs raisons et diverses considérations, par l'honneur, par la réputation, par la gloire, par l'utilité de la jeunesse des écoles et de l'Etat et surtout par leur avantage propre et personnel, j'avais excité, enflammé d'ardeur les imprimeurs, après avoir écarté et fait disparaître toute difficulté. Je les avais amenés à promettre de consacrer leurs travaux, tout leur zèle enfin, tout ce qu'ils avaient de ressources et de moyens à prendre les intérêts publics. C'est alors que j'ai remarqué que les accents manquaient et que les abréviations faisaient défaut. O pénurie malheureuse, ô indigence ennemie et pitoyable ! Hélas ! de quelle douleur je fus frappé et accablé ! Ah ! la méchante pauvreté qui m'a si subitement renversé, alors que déjà je bondissais de bonheur à cause de ce service rendu au public, de la plus grande gaîté et de la plus grande joie jusque dans la plus profonde tristesse, qui m'a si subitement renvoyé comme une balle, moi qui avais été comme d'une sorte de prison jusqu'au but que je me proposais et qui a si facilement détruit ce que j'avais conquis à grand'peine et avec tant de difficultés sur les imprimeurs. Je résolus pourtant de ne pas m'arrêter et de ne pas renoncer à mon entreprise. Je pensai qu'en toutes choses il fallait jeter des assises sur lesquelles il n'était pas difficile de construire ensuite. Je voulus persuader de nouveau les imprimeurs de faire de nouveaux efforts. »

« Ceux-ci firent tout d'abord quelques difficultés ; ils exposaient et expliquaient combien ces productions peu élégantes se vendraient difficilement ; ils les mettraient dans leurs étalages et les offriraient, à grand'peine, disaient-ils ; la plupart les regarderaient comme négligées et de peu de prix et par là ils allaient courir à de grandes dépenses et à de grandes pertes. On est enfin parvenu à les persuader. Sollicités à diverses reprises, ils ont donné leur assentiment tout à fait comme on le désirait ; ils ont enfin trouvé quelques accents et quelques diphtongues. »

« Je leur ai affirmé que vous tous, en général et en particulier, vous achéteriez ces livres d'un prix si modique, non pas avec une livre d'or ou une livre d'argent, non pas même avec une pièce d'or, mais avec quelques pièces de menue monnaie. Je leur ai dit qu'ils n'auraient pas seulement pour clients les hommes faits ou les jeunes gens qui, ayant à peine commencé les éléments du grec, n'ont pas encore besoin de textes accentués et que leur bourse légère et maigre met dans l'impossibilité d'acheter à des prix élevés des livres plus grands et plus précieux : ne faut-il pas vendre ces derniers très cher par suite des dépenses considérables que nécessitent leur excessive grosseur et leur transport des pays d'outremonts ? Mais je leur ai encore promis que ceux qui sont plus habiles aussi bien en grec qu'en latin les achèteraient et les propageraient, bien qu'ils puissent les faire venir de n'importe où. En effet ceux qui veillent à l'intérêt public, s'en occupent avec passion et désireront d'autant plus acheter de ces livres qu'ils seront plus riches, afin d'encourager les autres à de tels achats et d'y exciter de plus en plus. »

« Aussi procurez-vous, procurez-vous, vous dis-je, ce petit ouvrage qu'embellissent les pensées des sept sages et de Pythagore, non pas à prix d'or, mais à si bon marché que vos bourses n'en souffriront pas et n'en seront pas moins grosses. De plus si les imprimeurs sentent qu'ils peuvent retirer de ces publications quelque gain, si petit qu'il soit, vous les pousserez sans aucun doute à entreprendre de plus grands travaux, à mettre bientôt avec la plus grande exactitude les accents et les esprits, toutes les abréviations, toutes les diphtongues impropres, à vous livrer enfin cette langue grecque qui est comme la garantie de toutes les sciences, de tous les arts libéraux, de toutes les disciplines. Adieu. »

*
* *

C'est à la fin de cet ouvrage que François Tissard adressait aux étudiants parisiens cet appel en faveur des lettres grecques dont nous avons fait mention plus haut :

Supplique de François Tissard d'Amboise au corps très illustre et très studieux des étudiants de Paris.

« Je désire, très nobles et très studieux jeunes gens, accomplir un travail par lequel la langue grecque qui nous a été si longtemps cachée, sortira enfin du vénérable sanctuaire des Muses. J'ai pensé qu'il n'y avait pour les étudiants de Paris et de toute la France, rien de mieux à faire, de mieux approprié et de mieux adapté que de livrer à l'impression ce petit livre, tout rempli des pensées en quelque sorte catholiques et de toute manière divines des Sept sages et de Pythagore, de Phocylide et de la Sibylle Erythrée et où éclatent et brillent encore d'autres productions poétiques. Ainsi les jeunes gens, les enfants surtout pourront goûter ces lettres grecques qui poliront et embelliront et leur vie et leurs goûts et leurs manières. Et je ne pense pas que ce goût délicieux qu'ils auront trouvé aux ondes des sources grecques, les flots, je ne dirai pas ceux du Styx qui font oublier, mais d'autres plus tranquilles, puissent le leur enlever ou le détruire. En effet quelle passion, quelle occupation mauvaise, lorsque les fondements de la vie ont été jetés sur de tels enseignements et ont été fermement et solidement établis sur eux, pourrait deshonorer et souiller une existence ainsi réglée. Peut-être y en aura-t-il qui, entraînés par l'envie et la paresse, en viendront à dédaigner et à mépriser ces magnifiques monuments, ces exhortations et ces préceptes pour mener une bonne et heureuse vie. Ceux-ci dès qu'ils seront enchaînés par la jalousie et l'inertie seront fatalement submergés par tous les vices..... Je vous vois si bienveillants et si dispos que rien ne me pousse à penser, voire même à soupçonner, qu'il y ait

rien de ces défauts, jalousie ou paresse, dans votre bonté
et votre bienveillance. Aussi par votre réelle bonté, par
cette bienveillance vraie, suis-je vivement engagé,
poussé, excité à livrer à l'impression des œuvres plus
considérables, Homère lui-même, du moins par une
série de chants publiés à part, puis l'*Ethique*, la *Politique*, l'*Economique* et les autres ouvrages de ce si
grand homme, de ce philosophe si éminent, Aristote,
enfin tous les autres monuments élevés par tant de
génies plutôt divins qu'humains. Soyez unis pour favoriser mes efforts. Il vous est déjà possible d'avoir chez
vous et à un prix minime ce qu'il nous a fallu recher-
cher par de si grands et de si longs voyages, par une
traversée si difficile, avec de tels déboursés, de tels
frais et de telles dépenses. Mais comment tairais-je ce
reproche que nous font les Italiens, à nous et à notre pays
lorsqu'ils s'emportent contre nous ! « Eh quoi ! disent-
ils, barbares, vous portez contre nous vos armes ?
Espérez-vous que vous puissiez jamais dominer dans
notre patrie si célèbre, si éloquente, si policée ? C'est
ici, vous, barbares et incultes, legers et superbes et
arrogants, chez des Latins si polis et si cultivés, si réflé-
chis et si modestes, si humains et si bienveillants pour
leurs amis et pour leurs ennemis si durs et si terribles,
c'est ici, chez nous, que vous voulez habiter ?... Que
sont ces nations d'au-delà des monts qui n'ont aucune
connaissance des lettres humaines, ni des latines, ni des
grecques. Qu'ils s'en aillent avec leurs sophismes, qu'ils
s'en aillent, ces ignorants des bonnes lettres et de la
parole, dont les yeux sont couverts d'obscurité et qui ne
voient pas combien cette obscurité est épaisse. » C'est
ainsi que parlent ces Italiens. Ne savent-ils donc pas
combien l'Université de Paris est florissante pour les

lettres ? C'est ce que reconnaissent eux-mêmes les Italiens sages, doués de science et d'expérience. Cependant ils affirment audacieusement que les lettres grecques nous manquent et c'est en cela du moins qu'ils se glorifient de l'emporter sur les Français. Aujourd'hui s'ouvre le chemin par où nous pourrons leur enlever cette palme des mains. A cette entreprise est promis un facile et prochain succès, si vous le voulez. Travaillons donc de concert. Aidons-nous les uns les autres. Et ainsi, après avoir parcouru ces éléments du grec, chacun de vous, par son zèle et son travail, augmentera, pour ainsi dire, le gymnase antique et l'Académie d'Athènes, si bien que les Italiens succomberont facilement dans les lettres grecques et latines et le céderont enfin aux Français. »

*
* *

Renouard signale dans sa *Bibliothèque d'un amateur*, vol. II, p. 185, un livre composé de huit feuillets seulement et très rare : *Musaei, antiquissimi poetae, de Leandri et Herus amoribus, graece. Veneunt in aedibus Egidii Gourmontii, Parisiis*, 1507, in-4° (¹). Il va jusqu'à dire que cette publication est probablement le plus ancien essai de typographie grecque de Gilles de Gourmont (²). S'il en était ainsi le *Liber gnomagyricus* perdrait la primauté chronologique qu'on lui attribue ordinairement. Le Pomponius Mela, *de totius orbis descriptione author luculentiss[imus] nunquam antea citra montes impressus cum annotationibus Godofr.*

(1) M. Omont date ainsi cette production : « 1515 (?). » — Cf. Omont, *Essai*, etc., p. 35.

(2) Cf. Brunet, *Manuel du libraire*, Paris, 1820, t. II, p. 537.

Torini, Parisiis, per Egidium Gormontium et per Torinum Bituricum diligentissime recognitum, MDVII, decima die Januarii, in-4°, qui ne renferme que ces trois mots grecs, sans accents : αλφα, ωμεγα, τελος, contient ce très curieux témoignage de Geoffroy Tory (1) : « *Curaui siquidem accuratissimo (qui etiam primus apud Parisios graecis caracteribus lotissimis addidit manus) impressori dare.* » Or cette version latine de Pomponius Méla est de janvier 1507 et le *Liber gnomagyricus* ne parut qu'en août 1507. Geoffroy Tory fait-il allusion ici à un livre

(1) Sur Geoffroy Tory, cf. Aug. Bernard, *Geoffroy Tory*, Paris, Edwin Tross, 1857 (Bibl. Nat., Réserve, Z. 1896). Tory, natif de Bourges, alla en Italie dans les premières années du XVIe siècle. Il s'arrèta particulièrement à Rome dont il fréquenta surtout le fameux collège de la Sapience dont il parle à chaque page en son livre du *Champfleury*, et à Bologne où il suivit les cours du célèbre Philippe Béroalde, mort en 1505 (*Champfleury*, fol. 49 v°). Il fut d'abord régent au collège du Plessis. M. Aug. Bernard signale comme son premier travail une édition de la *Cosmographia Pii Papae*, in-4°. L'excellent *Catalogue des livres de la bibliothèque d'un chanoine d'Autun*, publié par Mlle Pellechet (*Mém. de la Soc. Eduenne*, t. XVIII, p. 213) cite un Berosus (Johannes Annius), *Opuscula*, Parisiis, de Marnef, à l'édition duquel prit part Tory, comme l'indique une lettre liminaire : « *Philibertum Baboum virum honestiss. Godofredus Torinus Bituricus...., datée Parrhisiis, apud collegium Plesseiacum, VI Nonas Maias, MD et X.* » En 1512 il publia chez Henri Estienne une édition de l'*Itinéraire d'Antonin : Antonini Augusti itinerarium provinciarum omnium, cum fragmento et indice, edente God. Torino, ex mss. Christ. Longolii*, in domo Henr. Stephani, 1512, in-16. Devenu imprimeur, il publia le *Champfleury auquel est contenu l'art et science de la deue et vraye proportion des lettres attiques, qu'on dit autrement antiques, et vulgairement lettres romaines proportionnées, selon le corps et visage humain*, G. Tory, 1529, *petit in-fol.* (Cf. Brunet, *Manuel du libraire*, 1820, t. III, p. 469). Le discours du beau parleur limousin qu'on lit dans *Pantagruel*, liv. II, chap. VI : « Nous transfretons la Séquane au dilucule et crépuscule... » est littéralement copié dans l'épître au lecteur de G. Tory dans le *Champfleury* (Cf. Stapfer, *Rabelais*, p. 445). Signalons encore l'une de ses publications : *Epitaphes à la louange de madame mère du Roy, faictz par plusieurs recommendables Autheurs avec autres nouuellement adiouxtez et les tous corrigez et bien émendez... On les vend à Paris devant l'esglise de la Magdeleine, à l'enseigne du Pot cassé. A la fin : Imprimé.... par Maistre Geofroy Tory de Bourges, Marchant libraire et imprimeur du Roy, le XXVIe iour d'octobre MDXXXI* (Cf. M. Pellechet, *Mém. de la Soc. Eduenne*, t. XVIII, p. 71 ; Aug. Bernard, *Geoffroy Tory, premier imprimeur royal*, Paris, 1865, in-8°, p. 55 et *passim*). M. Bernard dit que c'est le premier ouvrage où G. Tory prend le titre d'imprimeur du roi. Un exemplaire très bien conservé se trouve à la bibliothèque de l'Arsenal, 4°, H. 7634.

grec déjà publié par Gourmont ou à la confection des caractères qu'avait surveillée l'imprimeur ? Dans tous les cas il n'y aurait rien d'étonnant que Tissard et Gilles de Gourmont aient édité ce petit poème. C'était aussi par l'impression du poème de Musée qu'Alde Manuce avait commencé la série de ses productions typographiques.

*
* *

Le 18 septembre 1507, François Tissard faisait imprimer la Batrachomyomachie d'Homère ([1]) qu'il faisait précéder de la lettre dédicatoire suivante :

François Tissard d'Amboise au très distingué et très honoré seigneur Jean d'Orléans, archevêque de Toulouse, très ami des bonnes lettres, salut.

« Lorsque j'ai connu, très distingué prélat, que tu avais un goût prononcé pour les lettres grecques non moins que pour les lettres latines, je n'ai pas cru devoir l'oublier, moi qui sais de quel excellent génie tu es doué, de quel ardent désir tu brûles d'embrasser toutes les connaissances et qu'en outre tu apportes à acquérir ces connaissances le soin le plus vigilant et le travail le plus attentif, et j'ai résolu de te consacrer quelque opuscule grec. Avec lui tu pourras quelquefois reposer ton esprit, quand tu l'auras une fois compris. Cet ouvrage est petit et court ; il provient pourtant d'un brillant et excellent génie.... ([2]) Aussi rien ne sera-t-il

---

(1) Cf. Panzer, *Ann. typogr.*, t. VII, p. 256 ; Maittaire, II, p. 1844 ; Joh. Georg. Gesner, *Verzeichniss der von 1500 bis 1520 gedruckten auf dem offentlichen Bibliothek zu Lubeck*, 1782, in-4°, p. 24 ; Brunet, *Manuel du libraire*, 1820, t. II, p. 213.

(2) Ici un éloge d'Homère et de la Batrachomyomachie.

plus agréable, rien n'était-il plus désirable pour les jeunes gens, après ces pensées morales, et de toutes façons divines, que tu as vues naguères et que j'ai songé à donner à l'impression. Tu as toujours été présent à mes yeux, toi à qui je destinais ce travail, si petit qu'il soit ; souvent et longtemps je me suis rappelé ton goût pour l'étude que je connaissais par les visites fréquentes que je t'ai faites. Aussi, pour t'offrir quelque don et te rendre quelque service qui se rapporte à tes études et à tes exercices littéraires, je t'ai dédié cette édition de la *Batrachomyomachie* d'Homère. Elle pourra parfois te donner quelque plaisir à tes heures de loisir. Je suis sûr qu'elle t'en causera, si tu as pour elle quelque indulgence. Aie cette indulgence, je t'en prie, et accepte ce travail, s'il te plaît, avec quelque attention et quelque bienveillance. Aime celui qui te salue par ce petit livre. Si tu l'aimes, il te promet d'accomplir de plus grands travaux à l'avenir. Adieu et sois heureux. A Paris, le 8 des ides de septembre. »

A la fin on lit cet explicit :

Operoso huic opusculo extremam imposuit manum Egidius Gormontius, integerrimus ac fidelissimus primus, duce Tissardo Ambacaeo, graecarum litterarum Parrhisiis impressor, Anno Domini MCCCCCVII. VIII Kal. octobres.

On voit à la fin de la Batrachomyomachie quatre vers d'un frère de Tissard, Pierre Tissard, dans lesquels il le félicite d'avoir mis la France en état de lire les ouvrages de la Grèce :

> En tibi summus honor, sublimis gloria, laudes
> Immensae, et patrium te petit omne decus,
> Te duce, si Gallis palam opuscula gracca legantur
> Perdita ne patriae littera sit Danaae.

Tissard y répond par ceux-ci qui indiquent encore l'appui qu'il trouvait pour ses travaux dans l'archevêque de Toulouse :

> Frater es, et fratris non parva est suasio ; sed quid ?
> Meque Tholosanus suscitat et patria.

*
* *

Le 28 octobre 1507, il empruntait encore à la publication aldine de Theocrite et autres opuscules le dernier des textes qu'on y trouve, celui des *Travaux et des Jours* (1).

François Tissard d'Amboise à Jean Morelet, inspiré par les Muses, très distingué secrétaire du sérénissime et très chrétien roi de France, salut.

« Je supporterais avec peine et avec regret, mon cher Morelet, non seulement de t'oublier toujours, mais encore de taire combien je t'aime et de ne te point faire quelque présent, et surtout un hommage littéraire, à toi qui aimes les Muses et qu'elles chérissent, qui les honores et les vénères et qu'elles ornent et comblent de leurs dons. Et l'ardeur remarquable et persévérante avec laquelle tu as couru jusqu'aux demeures des Muses et jusqu'à leurs retraites les plus intimes, ta longue assiduité près d'elles, leurs faveurs et leur bienveillance pour ton zèle assidu, pour tes soins et ta constante activité, Padoue le sait, Padoue, que dis-je ? toute l'Italie. En effet les demeures sacrées des Muses et leurs temples les plus célèbres dans toute l'Italie te connais-

---

(1) L'édition des *Travaux et des Jours* se trouve à la Bibl. Nat., X. 98, à l'exposition du 1ᵉʳ étage, reliée avec la *Grammaire hébraïque* de Tissard. Cf. *Notice des objets exposés à la Bibliothèque Nationale*, Paris, Champion, 1881, n° 273.

4

sent, et ne le connaîtront pas moins, — ris, si tu veux,
— à cause de ton ancienne et assidue fréquentation.
Aussi vois quels fruits tu retireras de ces études ! de
quels plaisirs et de quels charmes délicieux tu jouiras !
Comment ne rappellerais-je pas que, par ces plaisirs
insignes que procurent les lettres, les Muses ont admirablement ordonné ta vie ? Qui pourrait ne pas la louer
et l'approuver dans son élégante et honorable tranquillité, pourvu qu'il ait un jugement sain et droit. Elles te
donneront sans aucun doute, tu le sais, une existence
sûre et agréable. Elles te concilieront les hommes pro-
bes, savants, éloquents n'importe où, comme avant. Ce
sont ces hommes, ce sont les Muses elles-mêmes que tu
dois fréquenter pour adoucir tes soucis. Mais je désire
que dès maintenant même les Muses te procurent
quelque plaisir et, m'acquittant ainsi de mon rôle et de
mes devoirs d'ami, j'ai eu l'idée de te dédier un opuscule
qui, je pense, te sera tout à fait agréable. Il appartient
à une littérature qui t'est particulièrement chère. Il est
imprimé avec les premiers caractères grecs que l'on ait
vus en France et à Paris. Le nom d'Hésiode n'est pas
moins célèbre par son antiquité que par son autorité.
Sa renommée a été grande chez les Grecs à cause de
son abondance, de sa science, de sa remarquable érudition et a parcouru le monde latin avec l'illustre Virgile
pour héraut. J'espère que, sous ta protection, il va de
nouveau se montrer en France à la lumière et sortir de
ses profondes ténèbres, car jusqu'ici il n'a jamais été
imprimé dans notre pays. Il apportera aux Français le
plaisir le plus profitable et le plus aimable. Tu sais en
effet combien cet ouvrage des *Travaux et des Jours* du
poète d'Ascra a de charme par la sobriété du style et
par les préceptes que ce poète destinait à son frère

Persès. C'est ce que les autres reconnaîtront sous peu, après en avoir pris quelque peu connaissance. Le profit que chacun retirera de ce poème, je voudrais qu'il te l'attribuât, car c'est à cause de toi et pour te le dédier, que j'ai voulu le confier à l'impression. Salut et prospérité et aime-moi. »

L'*explicit* du livre est ainsi rédigé :

Operoso huic opusculo extremam imposuit manum Aegidius Gourmont integerrimus ac fidelissimus primus, duce Francisco Tissardo Ambacaeo, graecorum litterarum Parrhisiis impressor anno Domini MCCCCC vij quinto Cal. nouembres.

*
* *

François Tissard ne publia pas seulement des textes. Il enseigna, ainsi qu'il promettait de le faire, et compta parmi ses élèves Beatus Rhenanus qui avait déjà été l'élève de Georges Hermonyme, et Bruno Amerbach ([1]) qui, dans une lettre d'octobre 1507, écrit que « quelqu'un » a commencé d'enseigner la littérature grecque dans une salle publique. Il se montre si enthousiaste de ces nouvelles connaissances qu'il supplie son père de lui envoyer quelque argent, afin de pouvoir rester encore quelques mois à se nourrir de grec et emporter quelque chose de cette langue et de cette littérature dans sa ville natale. Il eut encore pour élève un jeune étudiant souabe, Michel Hummelberger, dont nous aurons à parler plus loin : « *Primo Tissardum..... nactus est,* » dit Beatus Rhenanus, dans une lettre-

---

(1) D'après le Dr A. Fichter, *Das Studienleben in Paris zu Anfang des XVI Iahrhund ert nach Briefen einigen Baseler welche daselbst studirten,* dans *Beitrage für vaterlandischen Geschichte,* herausg. vor der Historischen Gesellschaft zu Basel, 3e vol., Bâle, 1846, p. 178, — Bruno Amerbach devait collaborer à l'édition du saint Jérome de Bâle, Froben, 1525.

préface (¹) à l'*Epitome grammaticae graecae, Michaele Humelbergio Rauenspurgensi autore*, Basileae, Heerwagen, 1533. En janvier 1508, ce même Michel Hummelberger adressait à Bruno Amerbach, la lettre suivante, lettre encore inédite et rencontrée par M. P. de Nolhac à la Bibliothèque de l'Université de Bâle (G. II, 29) :

A maître Bruno Amerbach, mon excellent ami, salut.

« Je t'écris, très doux Bruno, afin que tu ne me croies pas oublieux. François Tissard, notre commun maître de grec, a confié à l'impression une grammaire hébraïque. Il doit l'expliquer prochainement en public. Il appartient à cet homme si érudit de dévoiler les mystères des Hébreux. Le *Psautier* de Lefebvre d'Etaples vient d'être donné aux imprimeurs. Je ne sais quelle œuvre plus importante que ce Psautier va naître encore. Le Cyrille est achevé. Nos poésies sacrées gisent encore dans les parchemins poudreux ; je mettrai cependant un soin particulier à ce qu'elles viennent un jour à la lumière et déjà elles auraient paru si, en composant cet ouvrage, tu avais joui plus longtemps à Paris de l'intimité de Lefebvre d'Etaples. J'espère pourtant que tu reviendras à quelque moment. On regrette, comme le bruit s'en répand, notre cher Jean Hessius de Fribourg et son maître Jean de Storin. Jean Constantin est venu ici la veille des nones de janvier. Adieu..... Ce cinq des ides de janvier, l'an du Sauveur 1508, selon le style de France. »

MICHEL HUMMELBERGER R. (²)

---

(1) Cette préface est reproduite dans Horawitz, *Michael Hummelberger*, Berlin, 1875, p. 17, et dans notre appendice.

(2) R. = *Rauenspurgensis*, de Rauensbourg.

\

*
* *

Le 1ᵉʳ décembre 1507, Tissard donnait au public les *Erotemata* de Chrysoloras, toujours en se mettant sous le patronage de l'archevêque de Toulouse.

François Tissard d'Amboise au très respectable et distingué seigneur Jean d'Orléans, archevêque de Toulouse, très ami des bonnes lettres, salut.

« Je vais à mon sens et jugement rendre des services non minimes à la république des lettres, vénérable et distingué Prélat, et j'ai résolu de t'avoir devant les yeux comme le but de mes travaux. Ainsi tu n'ignoreras pas quel est mon amour pour toi, avec quelle vénération je te respecte et je t'honore. Ainsi ceux qui se passionnent pour les lettres grecques qui jusqu'ici ont été un peu trop fermées dans tout notre pays, mais qui, je l'espère, seront bientôt très accessibles et très répandues, sauront que tu en seras le chef, puisque je te dédie à toi, si illustre et si vénérable, ce livre qui, sous ta puissante protection, peut paraître en toute audace et en toute liberté. Ainsi, surtout, ceux-là sauront que c'est à cause de toi particulièrement que j'ai confié à l'impression cette grammaire grecque si tôt et si promptement. Aussi tous les progrès que chacun fera dans cette langue par son travail, son zèle, ses études personnelles et privées, cette abondance de livres grâce à laquelle un homme médiocrement instruit peut sortir d'embarras et, pour ainsi dire, éviter les écueils de l'ignorance du grec, toute l'utilité que l'on pourra retirer de nos leçons publiques que nous commencerons aussitôt si les circonstances nous sont favorables et où nous mènerons jusqu'à la fin l'explication de cette grammaire de Chrysoloras, il devra te l'attribuer et te vouer de ce chef la plus grande reconnaissance. Je savais, en effet, combien tu avais d'érudition tant dans la prose que dans la poésie latine. J'observai que tu étais très désireux d'apprendre et de connaître le grec. J'appris que tu avais été merveilleusement satisfait et comme transporté de joie par les pensées, imprimées peu auparavant, des Sept Sages et de Pythagore, de Phocylide et de la Sibylle Erythrée, par cet enseignement moral si élevé et si respectable. Je le sus par le témoignage universel et le vis de mes propres yeux. Aussitôt j'eus la pensée de te faire quelque don tiré de l'œuvre d'Homère, un don tout minime et cependant élégant et poli et aimable. J'avais déjà raconté avec quelle bienveillante urbanité tu l'avais accepté. Je me suis alors souvenu quel était ce présent, de quel génie si remarquable et si brillant était sortie cette œuvre, puis je me suis souvent rappelé mon immense affection et mon extrême vénération pour toi et j'ai à diverses reprises comparé toutes ces choses. Et j'ai pensé que la matière de mon travail était très grande, que mon amour et mon respect pour toi étaient très grands et qu'en un mot le présent répondrait à la grandeur de mon affection. Néanmoins mon esprit n'était pas complètement satisfait et j'ai deviné que tu désirais autre chose. Comme tu es très désireux d'étudier, il ne t'a pas suffi d'apprendre la signification des mots et le sens des phrases ; tu as voulu distinguer à l'aide des principes le correct de l'incorrect, ce qui ne peut en aucune manière se faire sans l'aide de la grammaire. Et c'est parce que je n'ai pas encore publié de grammaire que j'ai souvent reçu les reproches de gens d'un rang bien éloigné du tien ; je ne dois pas cacher ces attaques. Je ne crains nullement les attaques et les insultes des méchants et de ceux qui sont entrainés par l'envie et, pour ainsi dire la rage..... Je voudrais que chez eux le silence prit la place de leur bavardage et de leur vaine loquacité. Quant aux attaques des honnêtes gens, je veux dire de ceux que conduisent un esprit sain et un jugement droit, je les supporte non seulement sans peine et sans aigreur, mais même d'un cœur assez léger. Quelques-uns de ceux-là sont tellement emportés par un désir avide des lettres grecques qu'ils voudraient dévorer, pour ainsi dire, en un seul déjeuner toute la science du grec et l'absorber en une seule fois. D'autres, leur troupe est plus nombreuse et de beaucoup la plus considérable, ressemblent à ces gens qui s'avancent avec mille précautions et tout craintifs sur un pont de bois qui tremble et menace ruine, n'ayant ni pieu ni bâton sur lesquels ils pourraient s'appuyer pour rendre leurs pas plus sûrs. De même ils désirent et même réclament une grammaire afin d'y recourir, à la rencontre de quelques difficultés, comme à une aide et à une auxiliaire. Mais toi, soutiens-moi, je t'en prie, je t'en supplie, toi à qui non-seulement je dédie ce livre, mais auquel encore je voue ma vie, afin qu'on ne me ravisse et qu'on ne diminue pas mon renom et ma réputation. Que ceux qui se laissent entraîner par une ardeur immodérée prennent garde que leurs désirs trop violents ne s'éteignent. Je ne pense pas que ce qui est entrepris avec trop de feu et d'ardeur en doive durer plus longtemps. Toutefois, s'ils persévèrent, je ne doute pas qu'ils ne deviennent au premier jour de fort bons « grecs ». Pourtant, bien que leur talent soit souple et puissant, que leur cœur soit très ardent et qu'ils promettent d'être très appliqués à ces études, qu'ils ne pensent pas qu'on peut tout livrer à l'impression, ce que nous désirerions aussi. Ceux qui disent que nous aurions dû nous occuper avant tout de la grammaire, qu'il fallait, avant d'édifier, jeter des fondements, et que la grammaire est le fondement de n'importe quelle discipline littéraire, n'ont pas été assez perspicaces et ont montré qu'ils manquaient d'expérience. Ils ne savaient peut-être pas que j'avais agi ainsi de propos délibéré. Tout le monde sait en effet que la grammaire est comme la loi et la règle des mots et des phrases qu'elle réunit d'une manière uniforme ; mais il convenait de présenter d'abord quelques mots et quelques phrases qui seront ensuite soumises aux règles de la grammaire, plutôt que la grammaire que l'on aurait appliquée longtemps après à des phrases. Comme le but de la grammaire est de réformer ce qui est incorrect et d'admettre et d'approuver ce qui est correct, c'est en vain qu'elle aurait paru tout d'abord, n'ayant rien sur quoi elle aurait pu s'exercer. Mais puisque ceux qui se plaignent, se mêlent de littérature grecque, ils doivent posséder la latine. Comme par nos traductions ils peuvent, dans mon livre, connaître tout le grec par le latin, cette petite et si courte attente n'a dû leur paraître ni dure, ni ennuyeuse, ni pénible. De plus j'ai pensé que ce que contiennent les livres de grammaire ne devait pas plaire autant que ce que j'ai fait imprimer d'abord. Dans mon livre on a le plaisir des mots qui expriment des idées variées et multiples, comme nous l'avons vu souvent, et des phrases si belles et remarquables, si délicates et si douces que ce plaisir a poussé à l'étude du grec la plupart des lecteurs. C'était ce que je désirais dans l'intérêt de l'Etat. Aussi ces lecteurs attendent-ils et désirent-ils vivement ce qu'auparavant ils auraient peut-être négligé et dédaigné. En outre

j'ignorais comment tournerait mon entreprise : et j'ai
pensé qu'il valait mieux commencer par le plus petit
et le plus court. D'abord je manquais complètement
d'accents, lorsque j'ai commencé à imprimer. Cependant
avant l'apparition même de mon premier livre, tout a
réussi mieux que je ne l'espérais. Puisse Dieu à l'avenir
favoriser et protéger ces études ! Aussi, Prélat très
vénérable, peux-tu me protéger de ton autorité contre
les mauvais discours de beaucoup, pour ces raisons, et
d'autres encore meilleures que celles-ci. Protégé par
toi, il n'y a personne qui ose m'attaquer. Et par ton
éminente autorité et par ce fait qu'ils sauront tenir de
toi cette grammaire qu'ils pourront joindre aux livres
précédemment imprimés et dont je voulais différer
encore un peu la publication, tu arrêteras et tu adouciras
facilement les plaintes des uns et des autres. Adieu,
sois heureux et rappelle-toi toujours ton cher François.
Aux calendes d'octobre. »

A la fin du livre se trouve cette mention :

*Operoso huic opusculo extremam imposuit manum
Egidius Gourmontius integerrimus ac fidelissimus primus, duce Francisco Tissardo Ambacaeo, Graecarum
litterarum Parrhisiis impressor. Anno Domini MCCCCC
vij Cal. Decembr.*

*
* *

Le recueil d'opuscules grecs publié à Venise en
février 1495 (1496, n. st.), in-fol., par Alde Manuce, a
inspiré, ainsi que nous l'avons vu, François Tissard

---

(1) Panzer, *Ann. typogr.*, t. VII, p. 256 ; Maittaire, *Ann. typogr.*, Hagae
Comitum, 1722, p. 95 et 184 : *Catalogue des livres de la Bibliothèque de P.-A.
Bolongaro-Crevenna*, vol. III, a, p. 11, Amsterdam, 1789 et suiv. 8° ; Brunet,
Manuel du libraire, 1820, t. I, p. 396.

— 50 —

dans la composition de son *Liber gnomagyricus* et dans
son édition de la *Batrachomyomachie*. Les *Idylles* de
Théocrite sont en tête de ce recueil. C'est peut-être ce
qui aurait suggéré à Tissard la matière d'un autre volume
qu'il aurait publié dans les premiers mois de l'année
1508. On ne connaît jusqu'aujourd'hui aucun exemplaire
de cette édition de Théocrite avec laquelle on a confondu
celle de 1513. Son existence pourrait cependant être
confirmée par un passage d'une lettre de Jérôme
Aléandre à Alde, en date du 23 juillet 1508 que nous
aurons l'occasion de citer au cours de ce travail ; par
malheur, les termes de cette lettre sont assez peu
précis : « Il est vrai que, dans ce pays, on a imprimé
les *Erotemata* de Chrysoloras, de l'édition de Regius,
ainsi que Théocrite... » (¹)

*
* *

Le 29 janvier 1508 (1509. n. st.), Tissard publiait
une grammaire hébraïque et grecque, généralement
signalée sous le titre d'*Alphabetum graecum et hebrai-
cum*. Tissard fut donc aussi un promoteur pour les
études hébraïques. L'étude des langues orientales était,
pour ainsi dire, abandonnée à Paris. Jadis, vers 1315-
1319, Raymond Lulle, dans une lettre au roi et à l'Université de Paris avait réclamé la fondation d'un établis-
sement où l'on pourrait étudier les idiomes de l'Orient
parmi lesquels il rangeait le grec : « ....*Parisiis, ubi
fons scientiae divinae oritur, ubi veritatis lumen
refulget, populis christianis fundaretur studium Ara-
bicum, Tartarum et Graecum* (²). » Mais cette idée

(1) Cf. Omont, *Essai sur les débuts de la typographie grecque à Paris
(1507-1516)*, Paris, 1892, p. 6.
(2) Cf. Martène et Durand, *Thesaurus novus anecdotorum*, t. I, p. 1717 ;

n'avait pas eu de suites. Sans doute les caractères de la grammaire de Tissard sont fort imparfaits ; mais on ne peut oublier que c'était la première tentative de ce genre. Il ne faut pas oublier non plus qu'à cette époque, il fallait, pour savoir l'hébreu, faire, comme l'avait fait Tissard, de longs voyages, s'attacher à un rabbin dont on écoutait les paroles comme des oracles et dont on achetait les leçons à prix d'or. « Autant l'opinion géné-« ralement répandue sur la difficulté de l'hébreu est « fausse de nos jours, autant elle était fondée au XVIe « siècle, et, quand les philologues de ce temps nous « parlent des efforts héroïques qu'ils ont dû faire pour « acquérir la connaissance de la langue sainte, il n'y a « là de leur part aucune exagération. (1) » Tissard dédia encore ce livre à ce jeune prince qui devait être François Ier, déjà plein de ferveur pour la culture des lettres.

Renan, *Histoire générale et système comparé des langues sémitiques*, Paris, 1878, p. 175. Citons ici les paroles trop sévères de Renan sur l'étude de l'hébreu au moyen-âge : « Le très petit nombre de chrétiens qui surent l'hébreu durant le moyen-âge, comme Raymond Martini, Nicolas de Lyre, Paul de Burgos, étaient des Juifs convertis ou fils de convertis. La formule employée à cette époque à propos de tous les savants hommes, « il savait le grec et l'hébreu », n'est pas d'ordinaire plus vraie pour la seconde de ces langues que pour la première. On accorde facilement aux autres une science qu'on n'a pas soi-même. D'ailleurs, savoir l'hébreu au moyen-âge, c'était savoir bien ou mal l'explication d'un certain nombre de mots conservés dans les versions de l'Ecriture ; or, pour cela, les *Interpretationes vocum hebraicarum* de saint Jérôme et autres glossaires de ce genre étaient suffisants. Les efforts de Raymond Lulle et les décrets du Concile de Vienne en 1311 ne réussirent point à créer une étude sérieuse de l'hébreu. Seul, l'ordre de Saint-Dominique, en vue des besoins de la polémique contre les Juifs, posséda quelques hommes initiés à la science des rabbins. » Les dominicains de Dijon s'intitulaient *massorii* dans un acte de 1439, comme s'ils avaient été les dépositaires de la tradition des docteurs juifs. Voy. quelques faits relatifs à l'enseignement de l'hébreu en France dans Henri Beaune et J. d'Arbaumont, *Les Universités de Franche-Comté*, Dijon, 1870, p. CLXXII ; Elie Jaloustre, *Les anciennes écoles de l'Auvergne*, dans les *Mém. de l'Acad. de Clermont*, t. XXIII, 1881, p. 107.

(1) Renan, *Histoire générale et système comparé des langues sémitiques*, 1re partie, Paris, 1878, p. 175-176.

François Tissard d'Amboise, au très illustre et sérénissime prince François de Valois, duc de Valois et comte d'Angoulême, salut.

« J'ai souvent pensé et je me suis souvent dit, Prince très illustre et sérénissime, que j'avais jadis consacré de nombreuses années à l'étude des lettres et que tout mon travail, celui aussi d'hommes remarquables par leurs qualités précieuses et éminentes, par leur science de premier ordre, par leur érudition singulière, allait périr. Et pourtant ils s'étaient efforcés de tout leur cœur, avec une grande activité, un travail immense, de constants labeurs, à m'orner des mêmes qualités. Aussi ai-je résolu d'avoir quelque courage, de secouer mon esprit engourdi et d'entreprendre les mêmes labeurs supportés avec tant de fermeté et de patience par mes aînés, l'utilité publique l'exigeant. Aussitôt je ne sais quelles idées commencèrent à stimuler mon esprit, à l'agiter, à me pousser à publier quelque chose. D'ailleurs, au moment où je m'efforçais de chasser ces pensées de mon cœur et de mon esprit, tu m'as semblé pénétrer dans mon âme et l'exciter vivement à produire bientôt quelque ouvrage. Mais lorsque je me demandais ce que je pourrais te dédier qui fût vraiment neuf et utile, tu m'as paru de nouveau t'emparer de ma volonté et m'ordonner que, pour ta première venue à Paris, sortît de mes mains une publication qui te fût dédiée. Aussitôt, repoussant tout obstacle, je me suis demandé et j'ai cherché en hâte et avec soin quelles matières pouvaient en ce moment être inconnues et non traitées en France et peut-être aussi dans d'autres pays et d'autres contrées. Mais je ne trouvais rien qui me parut complètement digne de ton nom insigne et de ta renommée considérable. Enfin une bible hébraïque, jadis cachée dans une petite bibliothèque, se montra devant mes yeux. Dès que je l'eus aperçue, il me vint aussitôt à l'esprit que frayer un chemin jusqu'à ce texte si antique et si vieux qui nous a été si longtemps caché, ne serait pas une œuvre inutile et qu'il fallait rajeunir ce qui était vieux. Et de même que, pour la Bible grecque et les autres ouvrages grecs, nous avons ouvert comme des chemins dans cette célèbre Université de Paris en ton divin honneur et ta gloire perpétuelle, de même il est nécessaire que j'ouvre maintenant une voie qui conduise aux œuvres hébraïques. Pour qu'il soit possible d'unir la connaissance du latin à celle du grec ou celle de l'hébreu à celle du grec ou des trois ensemble, j'ai résolu de publier d'abord ces éléments, d'en faire connaître aussi bien que j'ai pu la prononciation et d'expliquer la grammaire en quelques mots très clairs. En tête de ces éléments, j'ai pensé qu'il ne serait pas hors de propos de mettre, comme prélude à ces premiers rudiments, un dialogue qui rappelle rapidement, en un abrégé court et succinct, les rites des Juifs. En effet les Juifs ne les font pas connaître à tous indistinctement ; ils ne les communiquent qu'à ceux qui leur sont tout à fait familiers et auxquels ils n'osent rien refuser. Pour apprendre leurs usages religieux en même temps que leur science, j'ai eu quelque commerce avec eux. J'ai résolu d'attacher mon travail à ton nom auguste et éternel, en te dédiant ce livre qui ne sera estimé qu'autant que tu l'auras estimé et d'y ajouter un peu de grec qu'il ne faudra pas mépriser, je t'en prie. Si quelqu'un fait quelques progrès dans ces deux langues, je veux lui dire instamment à qui il doit attribuer et rapporter ce progrès : c'est à toi qu'il doit faire remonter toute

mon œuvre et tout mon travail, à toi qui m'en as fourni
l'occasion et m'y as poussé et excité. Pour moi, je te
prie avec une humble vivacité de me montrer que tu
te souviens de ton cher François. Souviens-toi, je te le
répète, de ton cher François. Adieu, très illustre
Prince. »

Dans ce même ouvrage Tissard a imaginé un dialogue
entre deux personnages *Prothumopatris* et *Phronimus*
où il nous fournit quelques détails sur sa jeunesse et
sur les intentions qui l'animaient en publiant cette
grammaire grecque et hébraïque, avec une naïveté qui
n'est pas sans charme :

« J'ai aimé [c'est *Prothumopatris* qui parle] par-
dessus tout François Tissard dès son plus jeune âge ; je
l'ai poussé aux travaux littéraires et je l'ai toujours
détourné, autant que j'ai pu, de toutes les autres occupations. Aussi je l'ai tout d'abord amené d'Amboise à
Paris où il sua sur les lettres humaines et la dialectique,
dans l'étude desquelles il eut aussi froid parfois, puis à
Orléans où je prétendais qu'il se pénétrât à la fois des
institutions des pontifes et de celles des empereurs.
Mais dès que je compris que, lui qui, jusqu'à cette
époque avait méprisé les plaisirs d'Orléans, commen-
çait peu à peu à flairer, pour ainsi dire, ces plaisirs qui
charment les sens et qui, à cause de sa jeunesse, étaient
prématurés, je commençai à l'éloigner de là ; il y
demeura jusqu'au trois septembre ; je l'ai aussitôt araché
comme du tourbillon de la Syrte et de Charybde ; je
n'ai pas souffert qu'il eût un naufrage ; mais je l'ai excité
à voler aussitôt de là jusqu'aux pays transalpins de l'Italie. Je pris la résolution de le faire travailler à Ferrare
sous Guarino de Verone, puis sous Philippe Béroalde
que je lui ai persuadé moi-même d'entendre quelquefois

par la suite dans son cours de Bologne, aux heures de loisir, et sous Calphurnius qui enseignait alors publiquement à Padoue les humanités, et surtout la rhétorique, et le plus éloquent des savants, et de joindre les études grecques aux latines. En effet je le confiai facilement au Grec Démétrius de Sparte, homme très docte et très éloquent. Enfin je décidai qu'il poursuivrait ses études de droit et civil et canonique, afin que, de ces deux côtés, il pût enfin rendre des services à son pays. Ce fut dans ces études qu'il passa trois ans. Dès qu'il vit que la peste dévastait l'université de Ferrare, et comme il entendait dire que l'université de Felsina qui s'appelle maintenant Bologne, florissait plus que les plus florissantes universités d'Italie, il s'y transporta en ma compagnie... »

« En outre il y a beaucoup d'hommes habiles dans le droit que la France peut très facilement employer. Mais il y en a fort peu qui puissent enseigner les lettres grecques et hébraïques. Aussi ne faut-il pas permettre que ces études dépérissent. Pourtant je ne veux pas qu'à cause de cela il abandonne le droit ; je l'engage et je le supplie de donner ses soins aux études juridiques aux principales heures du jour, à celles qui sont les plus commodes et les plus convenables pour l'étude, et de s'en occuper avec attention et de toutes ses forces... »

« Pourtant, nous sommes contents de ces travaux, bien qu'ils soient très humbles, — ce ne sont que les premiers rudiments de ces langues, — parce que nous apportons quelque chose de neuf au corps des étudiants parisiens ; nous les remplirons de plaisirs merveilleux ; ils se réjouiront à cause du grec ; ils s'étonneront et admireront à cause de l'hébreu. »

Il avait joint à ces règles de grammaire hébraïque et

grecque une sorte d'épitomé sur les coutumes juives qu'il avait aussi dédié à François de Valois. Nous en tirerons quelques passages intéressants :

Au très illustre et sérénissime prince François de Valois, duc de Valois et comte d'Angoulême.

Abrégé des rites judaïques par François Tissard.

« ....D'ailleurs je souhaitais de te faire quelque don qui n'eût pas été communément employé et qui fût répandu çà et là... Quant aux lettres grecques, c'est moi qui, il y a déjà longtemps, les ai livrées en France à l'impression. Tu possèdes nos prémices en ce genre d'études. Je n'ai pas pensé que je devais en rester là... J'ai songé aussi aux lettres hébraïques. Je tiens pour assuré que personne jusqu'à présent, du moins en ce pays de France, n'y a mis la main... »

« J'ai vu à Ferrare, mis en une place d'honneur dans le temple et la synagogue des Juifs un manuscrit du Pentateuque, fort élégamment écrit, en caractères larges et hauts, dans un gros et long volume, il y a cent ans, à Paris. »

« Aussi ce n'était pas à tort que le pape Clément avait institué que dans cette illustre et très célèbre université de Paris comme dans celle de Bologne, — à Bologne on observe cette prescription, ainsi que je l'ai appris et on y est tenu de l'observer, — ou à Oxford ou à Salamanque des maîtres qui, avec des traitements donnés par les rois ou les évêques, enseignent le grec, l'hébreu, l'arabe et le chaldéen ; ils devaient ainsi propager avec plus de grandeur et de facilité cette foi [qui est la nôtre]. Aussi, prince sérénissime, j'ai entrepris très volontiers en

ton nom et en ton honneur, de parcourir cette province
des lettres, et j'ai songé à faire une œuvre qui pût
plaire à la réunion des étudiants de Paris et aussi au
public des autres universités. »

*
* *

Pour tant de travaux exécutés dans des conditions
matérielles si difficiles et dans un si bref espace de
temps, Tissard mérite assurément les plus grands éloges
et il est permis de dire qu'en faisant paraître ces divers
opuscules dont le corps forme un ensemble assez considérable, il a ouvert, malgré toutes sortes d'obstacles, la
série des publications qui ont servi à la renaissance de
la philologie (¹).

Mais à partir de 1508 on ne retrouve plus de traces
de ce modeste et très fécond initiateur dans le champ
des études grecques (²). Chevillier a dit, et après lui
tous les biographes ont répété, que Tissard avait dû
mourir vers cette époque. Il n'était cependant pas mort
vers juillet 1508, car, ainsi qu'on le verra par un document reproduit et traduit dans ce travail, il faisait
encore parler de lui à cette même date. Il n'était pas
mort en 1509, car la bibliothèque Mazarine possède un
petit volume, provenant de son cabinet, et renfermant
un opuscule grec imprimé en 1509 et publié par Aléandre, l'helléniste même qui fait le principal objet de ce
travail (Mazarine, 14331). Sur la tranche de ce volume,

(1) Aug. Bernard, *Les Estienne et les types grecs de François I*, Paris,
Edwin Tross, 1856, Appendice, p. 65.

(2) Cf. encore sur Tissard, Greswell, *A view of the early Parisian Greek press*,
Oxford, 1833, ch. I ; Crapelet, *Etudes pratiques littéraires sur la typographie*,
1837, t. I, p. 77 et suiv.

encore dans sa première reliure, on lit en grosses lettres gothiques : *Magister Franciscus Tissardi* (¹).

(1) Dans la préface manuscrite de sa traduction d'Euripide que nous reproduisons en appendice, Tissard annonçait bien cette ardeur qui devait l'animer dans sa carrière érudite :

« Cependant j'ai écouté beaucoup plus facilement certains et de bien nombreux professeurs qui enseignent publiquement les lettres humaines dans cette brillante université de Bologne qu'on peut appeler à juste titre une savante Athènes, et je suis allé du côté de ceux qui disent qu'en quelque façon la langue latine sans la grecque est émoussée et certains comparent celui qui ne possède que l'une d'elles et surtout la latine (la langue latine a plus besoin de la langue grecque que la grecque n'a besoin de la latine, quoique toutes deux aient besoin l'une de l'autre), à un aveugle parce que, continuellement, comme un aveugle irrésolu et hésitant, il est incertain à cause de l'ignorance des origines ; d'autres affirment que la langue grecque est la substance de la latine parce que les mots et les idées sont venus et ont découlé de la langue grecque. D'où, en effet, la philosophie, non-seulement naturelle, mais encore morale, a-t-elle tiré son origine, si ce n'est de ces Grecs insignes, Aristote et le divin Platon, son maître, et aussi de Socrate, le maître de tous deux, qui, dit-on, rappela la philosophie morale du ciel sur la terre ? D'où vient la médecine ? D'où vient la théologie ? Est-ce que les messagers des doctrines sacrées et divines, que nous appelons du grec les Evangélistes, ne nous ont pas instruits en écrivant en grec, et ne nous ont-ils pas ainsi retracé la foi transmise dans l'Ancien Testament en hébreu et d'une manière figurée ? ne nous l'ont-ils pas rendue claire et brillante, comme l'atteste dans une lettre au pape Damase et dans tous ses écrits, ce célèbre Jérôme, cette colonne très sûre de notre foi, qui pourrait être appelé à bon droit l'homme aux trois langues parce qu'il a parlé ces trois langues, l'hébraïque, la grecque et la latine, excellemment et avec une très grande facilité ? Faut-il que je rappelle que, même dans les lois des jurisconsultes, il y a certaines insertions de mots grecs au nombre d'environ cent cinquante ; ces lois intactes qui nous manquaient, le maître Ludovicus de Bologninis, ce remarquable docteur en l'un et l'autre droit, les a seul extraites des Pandectes de Florence depuis la promulgation de ces lois. Et j'atteste avoir lu les Authentiques en grec avec divers titres qui nous manquaient à cause des ravages du temps. C'est Ludovicus de Bologninis qui me les a montrées lui-même, et je pense qu'elles paraîtront bientôt, car il a promis de les publier.... »

« ....Pourtant je me suis toujours attaché à l'opinion de Baptiste Guarini de Ferrare, autrefois mon maître très honoré, célèbre dans l'univers entier et très renommé par ses connaissances dans l'une et l'autre langue. Lorsque j'ai travaillé pendant quelque temps sous ses yeux, je l'ai entendu appeler mes compatriotes qui ne savent pas le grec, des borgnes... Aussi la plupart de ceux qui professaient m'ont-ils conseillé de publier quelque opuscule traduit mot à mot du grec en latin. Je serais ainsi utile à leurs propres études et à l'ensemble du public étudiant. En outre ils m'excitaient par la pensée de la gloire qu'en recevrait ma patrie, ils m'animaient par l'idée de ma réputation personnelle et de mon honneur en même temps que de mon intérêt. Pourtant je n'étais en rien remué par l'idée de ma réputation et de mon honneur ; seule la gloire de mon cher Amboise me stimulait. »

Peut-être l'examen de certaines pièces prouverait-il que François Tissard, trouvant ses travaux d'érudition assez mal récompensés, ou craignant quelque concurrent redoutable dans l'enseignement du grec, abandonna Paris et les lettres pour une situation plus lucrative et plus assurée de procureur du roi au bailliage d'Amboise, sa patrie. On trouve en effet aux Archives départementales d'Indre-et-Loire, dans un « Papier terrier et censier de la baronnye, terre et seigneurie d'Amboyse », rédigé de 1523 à 1536, la mention d'un « M° François Tissard, docteur ès droicts, procureur du roi au même bailliage ». Cette pièce est citée par l'abbé Chevalier dans son *Inventaire des archives municipales d'Amboise (1421-1789)*, Tours, 1874. Dans les archives mêmes d'Amboise, on rencontre le texte d'une « Enquête par maître François Tissard, docteur ès droits, procureur du roi, et Julien de la Bretonnière, licencié ès-lois, avocat du roi, sur l'inondation des chemins de Nazelles », au folio 49 du « Compte deuxiesme de Jehan Gaillard, procureur et receveur des deniers communs de la ville et ponts d'Amboise pour l'an 1511 » (CC. 124). Enfin au folio 75 du « Registre des délibérations du Conseil de la ville d'Amboise du 2 février 1564 au 2 février 1569 » (BB. 7), on apprend qu'en 1567 l'école d'Amboise fut transportée dans la maison de « feu François Tissard » ([1]).

Que François Tissard soit mort à cette époque ou qu'il ait volontairement abandonné son œuvre, les Muses grecques avaient perdu en lui un de leurs plus actifs propagateurs. Par bonheur vint de Venise à Paris un jeune professeur italien, entouré dès l'abord de la plus

___

(1) Cf. l'abbé Chevalier, *Inventaire des archives municipales d'Amboise (1421-1789)*, Tours, 1874.

haute réputation de savant. C'était lui qui devait reprendre le sillon délaissé par Tissard, et répandre avec la
plus active, la plus fiévreuse rapidité la connaissance
et l'amour des lettres helléniques à Paris. Il se nommait
Jérôme Aléandre.

Qu'était-ce que cet Aléandre auquel les écrits moder-
nes sur l'hellénisme en France font à peine l'honneur
d'une mention ? On n'a jamais fait jusqu'ici un travail
d'ensemble sur la vie de cet érudit qui fut aussi un
politique. Un savant italien du XVIII° siècle. Giusto
Fontanini (¹), avait songé à faire une biographie complète d'Aléandre ; mais il ne mit pas son projet à exécution. Nous ne voulons retracer ici que les faits de son
existence littéraire, à l'aide de quelques renseignements, « *non in uno, ut ita loquar, nemore indagatos* »
selon une expression d'Aléandre, espérant compléter
par la suite ce premier travail sur nombre de points.

Avant d'examiner l'œuvre d'Aléandre à Paris et en
France, voyons rapidement quel était son passé.

(1) La Bibl. Nat. conserve, Mss. fr. 24411, de nombreuses lettres de Giusto
Fontanini.

II

JÉROME ALÉANDRE.

———

I

LA JEUNESSE D'ALÉANDRE.

Girolamo Aleandro ou, pour prendre la forme francisée, Jérôme Aléandre (¹), était né le 14 février 1480, à
Motta di Livenza, petite cité de la Marche Trévisane,

Qua placidus claram lambit Liquentia Motam,

selon l'expression de Pietro Valeriano. Motta di Livenza
est encore aujourd'hui un gros bourg de 6,321 habitants, sur la rive droite du Livenza, près du confluent
du Monticano.

(1) Cf. le travail de Lepido Rocco, *Motta di Livenza, studio storico.* Treviso,
1897 (Bibl. Nat., 8° R. 2871), où se trouvent (p. 242 et suiv.) de nombreux
renseignements sur Aléandre et sa famille.

Giuseppe Valentinelli, *Bibliografia del Friuli,* Venise, 1861, cite deux
ouvrages que nous n'avons pu rencontrer et dans lesquels pourraient se trouver
quelques renseignements sur Aléandre :

1° *Biografia del card. Girolamo Aleandro seniore,* autore Cesare Perrocco,
Venezia, 1839, p. 62, in-8°.

2° *L'hore pretiose della villa, impiegate nelle memorie piu insigni della
Motta, ad' istanzi de' signori provveditori della medema. Opera composta da
Antonio Lupis, e consegrata alla stessa communita,* Venezie, 1677, Domenico
Milocco, p. 8 non num. 34, 8°. *Precedono la lettera della communita, la
riposta dell' autore, la dedica e un epigramma latino di Carolo Passarino in
lode dell' autore. La storie della Motta compendiasi nelle prime tre pagine
trattandosi nel resto dell opera della famiglia Aleandro, ma specialmente
del cardinale Girolamo e del santuario di Maria Virgine.*

Jérôme Aléandre descendait, a-t-on dit et a-t-il dit lui-même, d'une noble famille ruinée (¹). Il avait pour ancêtres les comtes de *Landri* qui furent même pen-

(1) Nous dirons plus loin qu'à cause de ses connaissances en hébreu on fit courir le bruit qu'Aléandre était juif. Aussi Luther se servit-il de ce mensonge pour railler l'antique origine qu'affectait Aléandre. Il était certes, disait-il, d'une famille ancienne, puisqu'il était Juif et que les Juifs se targuaient un peu trop de descendre du vieil Abraham : « .... *Nam Judaeus natus est ; quae gens immodice gloriatur de Abraham vetustissimo se originem ducere. An vero baptizatus sit, nescitur.* » (D'après Seckendorf, *Comment. hist. de Lutheranismo*, Francofurti, 1688, p. 186). A l'assemblée de Worms à laquelle Aléandre assista, il se crut obligé de relever ces bruits malveillants. Il rappela que ses parents avaient été marquis en Istrie et qu'il avait été chanoine [de Saint-Lambert] de Liège, dignité qu'il n'aurait pu obtenir s'il n'avait été d'une famille noble : « Dieu immortel, dit-il, il y a ici assez d'honnêtes gens qui peuvent rendre témoignage de moi et de ma famille et qui savent que mes ancêtres étaient nobles, marquis d'Istrie ; si nos pères se sont vus réduits à la mendicité, à qui la faute, sinon au destin ? » Son épitaphe devait commencer ainsi : « *Hieronymo Aleandro Mottensi, e comitibus Landri in Carnia, Petrae Pilosae in Histria oriundo.....* » Ces incertitudes sur l'origine des familles semblent alors fréquentes en Italie. C'est ainsi qu'Aonio Paleario, l'une des figures les plus singulières de la Réforme italienne, était issu selon les uns d'une famille noble qui avait fourni à l'Église plusieurs prélats éminents et un prince à la ville de Salerne et, selon les autres, d'une famille de simples artisans venus de la Marche de Camérino à Véroli. (Cf. J. Bonnet, *Aonio Paleario*, Paris, 1863). Boxhorn, dans ses *Elogia*, fait d'Aléandre le fils d'un palefrenier : « *Hieronymus Aleander, Forojuliensis, agasone patre natus.* » Il y a là une erreur en même temps sans doute que quelque gros grain de malice luthérienne contre un cardinal qui fut un si bouillant adversaire de la Réforme.

Bottaglia, auteur d'une biographie demeurée manuscrite d'Aléandre, qui se trouve actuellement à la bibliothèque archiépiscopale d'Udine, affirme, au dire de Lepido Rocco, qu'au 29 juin 1515, le chapitre de Saint-Lambert écrivit à l'évêque de Ceneda, Marino Grimani, et à d'autres prélats d'Italie pour savoir si les ancêtres d'Aléandre étaient de naissance noble et d'une condition distinguée. L'examen fut sans doute favorable, puisqu'il obtint ce canonicat qui fut ensuite occupé par son neveu Francisco Aleandro, fils de Vincenzo Aleandro. Bottoglia rappelle encore qu'en janvier 1533, Charles Quint permit à Aléandre de porter l'aigle impérial à deux têtes sur champ d'or au-dessus de ses *armes de famille.* Ce fait semble encore attester la noblesse d'Aléandre. Lepido Rocco dans son livre : *Motta di Livenza, studio storico*, Treviso, 1897, ajoute que, dans les registres des archives communales de Motta, il n'a rencontré aucun nom appartenant à la famille d'Aléandre antérieurement au 26 décembre 1501. Il résulte pourtant des minutes de Nicolò Pitiano, notaire de San Daniele, que, vers 1461, cette famille était à Motta déjà nombreuse et divisée en plusieurs branches. — Cf. encore Balan, *Monumenta Reformationis Lutheranae, ex tabulariis secretioribus S. Sedis, 1521-1525*, t. I, p. 58.

dant quelque temps marquis de *Petra Pilosa*, en Istrie.
Landrum, *Landri* ou *Antrum*, probablement aujour-
d'hui *Landro*, en allemand *Hœhlenstein*, était un château de Carnie, dans le pays de Forli et à cinq milles
de cette ville. Les comtes de Landri furent dépossédés
de leur puissance ; des membres de cette famille les
uns s'établirent à Forli et y prirent le nom de *Conti*,
le nom de leur ancienne dignité s'étant transformé en
un nom de famille ; les autres allèrent à Motta, l'ancien *Pons Liquentiae*, et ceux-ci furent appelés *Leandri*
ou *Aleandri*.

Cette tradition, rapportée par Victorelli dans le *Ciaconius* (¹), paraît, en somme, assez incertaine. Cependant Aléandre devait par la suite, le trait est d'ailleurs
bien italien, se prévaloir de son antique et noble origine.

Ce qui est moins contestable, c'est qu'il eut pour père
Francesco Aleandro et pour mère Bartolomea Buonofigli, fille d'un citoyen distingué de Venise, Antonello
Buonofigli. Francesco Aleandro était médecin et culti-
vait la philosophie (²). Ce fut lui sans doute qui dirigeait
son fils dans ses premières études. L'enfant était doué
d'une remarquable intelligence et surtout d'une prodi-

(1) Cf. Victorelli, dans *Vitae et res gestae pontificum Romanorum et S. R. E.
cardinalium*, auctoribus Ciaconio, Cabrera et Victorello, Romae, 1630, p. 1521.

(2) S'il faut en croire une généalogie dressée par Mazzuchelli, Aléandre
aurait eu quatre frères : Antonio, Vincenzo, *cavalier e conte Palatino*, Daniele
et Giovanne Batista qui serait devenu par la suite protonotaire apostolique et
chanoine de Liège. Aléandre céda par la suite son archevêché de Brindes à
Francesco Aleandro, troisième fils de Vincenzo. Quant à Girolamo Aleandro, dit
il Giovanne, il était le petit-fils du même Vincenzo. L'un des frères d'Aléandre,
Jean-Baptiste, vint en France : « *Mio fratello mi scrive da Paris di 25 del
passato, che li Theologi Parisini aveano condemnato cento articoli di Martino
et che el libro se imprimea*, etc. (Lettre d'Aléandre au vice-chancelier Jules de
Médicis, datée de Worms, mai 1521 dans Theodor Brieger, *Quellen und
Forschungen zur Geschichte der Reformation, I. Aleander und Luther (1521)*,
Gotha, Perthes, 1884, nº 27.

gieuse mémoire (¹) qui devait faire plus tard l'admiration
de ses contemporains et lui permettait de répéter mot
pour mot ce qu'il avait entendu ou lu longtemps auparavant.

A treize ans (1493) on le conduisit à Venise pour
étudier les belles-lettres. Il y étudia sous Benedetto
Brugnolo (²), puis sous Petronillo d'Arimini qui tenait
école auprès de l'église de San-Pantaleone. Atteint d'une
fièvre longue et grave, il serait retourné à Motta. Le
4 mars 1495, il alla à Pordenone continuer ses études
sous la direction de Paul Amalthée qui expliquait publi-·
quement les auteurs anciens au milieu d'un grand
concours d'auditeurs tant laïques qu'ecclésiastiques.
Paul Amalthée était originaire de Pordenone où il était
revenu un peu avant cette année 1495, après avoir fait
avec son frère, plus jeune, Marc Antoine Amalthée,
prêtre de Pordenone, qui partit ensuite pour la Hongrie,
un voyage à Vienne ; il y était sans doute attiré par
l'université qui était dans tout son éclat. Il était alors
ou il devint, nos renseignements biographiques ne sont
pas suffisants pour préciser, mineur conventuel et

<hr>

(1) Sur la mémoire d'Aléandre, voy. Giammateo Toscano, *Peplus Italiae*,
nᵒ 89 :

> *Quae semel aut audita tibi, aut sunt lecta, fuerunt*
> *Pectoris haec memori condita cuncta penu,*
> *Res ut nulla senem, non verbum fugerit ullum*
> *Quod juvenis quondam combiberisque puer.*

— « *Nihil eum volumina cupide perlegentem, vel rerum, vel verborum
omnino subterfugerit, quin singula memoriter vel a multis annis longo sepulta
silentio recitaret.* » (Paul Jove, dans ses *Elogia*.)

(2) On trouvera une épître de Benedetto Brognolo dans Diogenes Laertius,
Vitae philosophorum, Parisiis, Joh. Petit, sans date, in-4ᵒ : « Benedictus
Brognolus generosis patriciis Venetis Laurentio, Georgio Jacoboque Baduario,
S. D. » Cf. M. Pellechet, *Catal. de la bibl. d'un chanoine d'Autun*, dans les
Mém. Soc. Eduenne, t. XVIII, p. 215. Voy. aussi S. Romanin. *Storia documentata
di Venezia*, Venezia, 1855, t. IV, p. 500 : « *Benedetto Brognolo da Legnago
dava lezioni nella cancellaria ducale a quelli che si volevano preparare agle
ufficii ed altre scuole v' erano in altre parti della città...* »

poète lauréat proclamé par l'empereur Maximilien. Les Amalthée restèrent longtemps en relations avec Aléandre et sa famille, et il y aurait sans aucun doute un intérêt très vif, pour la biographie définitive et complète de notre Aléandre, à consulter les manuscrits de *Marcus Antonius Amalthaeus* et de *Cornelius Paulus Amalthaeus* que signale Mittarelli dans sa *Bibliotheca codicum manuscriptorum monasterii S. Michaelis Venetiarum prope Murianum*, Venetiis, 1779 (¹).

Aléandre désirait continuer ses études dans une grande ville et loin des soucis domestiques. Il quitta Motta en 1496, il revint à Venise le 18 mai. Son père en fut mécontent et lui refusa tout argent. Aléandre, en dépit des secours cachés de sa mère, dut retourner à la maison paternelle. Il y retrouva son père fort irrité et sa mère d'autant plus tendre que son père l'était moins. Cette dernière mourait en 1497, laissant, au dire de Mazzuchelli, son fils « inconsolable ».

Si le jeune Aléandre, alors âgé de dix-sept ans, souffrait tellement de ne point étudier soit à Padoue,

(1) Mittarelli, *Bibliotheca codicum manuscriptorum monasterii S. Michaelis Venetiarum prope Murianum*, Venetiis, 1779, signale dans le codex chartac., in-4°, sec. XVI, num. 194 : *Marci Antonii Amalthaei Presbyteri Portus Naonis epistolarum libri quatuor* (lettres : *Hieronymo Aleandro ; Hieronymo Aleandro Motensi archiepiscopo Brundusino, oratori apud Rempublicam Venetam, inde S. R. E. cardinali ; Johanni Baptistae Aleandro, Hieronymi fratri ;* trois lettres de Cornelius Paulus Amalthaeus écrites en 1495, 1498 et 1513, placées après les lettres de son frère) ; dans le codex chart., in-4°, sec. XVI, num. 193 : *Marci Antonii Amalthaei epigrammaton libri IV, cum indice alphabetico* (quelques-unes de ces épigrammes sont dédiées *Jacobo Aleandro, Aleandri Caroli filio ; Hieronymo Aleandro ; Cardinali Aleandro ;* épitaphe *Helenae, Jacobi Aleandri uxoris)*. Palladio *(Historia della Provincia del Friuli*, Udine, 1660, 2ᵉ partie, p. 142) parle d'um certain *Girolamo Aleandro capitano*. Nous ne savons s'il était et à quel degré il était parent d'Aléandre. Un cousin d'Aléandre, Pietro Aleandro, fut chanoine d'Aquileia et vicaire général de Concordia Sagittaria. C'est peut-être de lui que sont les deux lettres des pp. 261 et 264 des *Epistolae Miscell. ad Fridericum Nauseam, Episcop. Viennensem*, Basileae, 1550, in-fol. C'est peut-être aussi à lui que Pietro Valeriano a adressé une poésie : *Ad Petrum Aleandrum ex Corneliano*(?).

soit à Venise, il dut faire passer un peu de son chagrin sur un pauvre vieux maître de belles-lettres à Motta, Domenico Plorio, qui prétendait expliquer les auteurs anciens. Dans un tournoi littéraire public, Aléandre jouta avec le pauvre Domenico (¹), dévoila à tous son ignorance et le couvrit de ridicule. Aussitôt le père d'Aléandre, de profiter de ce beau succès pour attacher par un lien nouveau Aléandre à Motta. Les deniers communaux payaient Domenico Plorio de ses inintelligentes explications. Francesco Aleandro demanda qu'on remplaçât le malheureux interprète par Girolamo. On exauça sa prière et Aleandro dut accepter.

Pour se consoler de ce séjour forcé à Motta, le jeune maître apprit sans doute les premiers éléments du grec ; et non seulement il étudiait le grec ; mais comme les Italiens de cette féconde époque qui produisait les esprits si compréhensifs, si prodigieusement universels des Alberti et des Vinci, Aléandre voulait parcourir le cycle entier des connaissances de son temps. Il étudia l'astrologie sous Daniel de Padoue et ce maître et cette science firent, à n'en pas douter, comme nous le constaterons plus tard, une profonde impression sur son esprit. Il apprit la médecine. Son père ignorait le grec ; souvent il demandait à Jérôme Aléandre de lui expliquer certains passages d'Hippocrate et de Galien. C'est ainsi qu'il se rendit facilement et en peu de temps maître de cette science qui, d'ailleurs, était alors assez peu compliquée. L'année suivante, c'est-à-dire en 1498, il apprenait l'hébreu (²).

(1) D'après Rocco, p. 513, Plorio aurait été un homme assez docte et un poète non médiocre. Bottoglia, dans ses manuscrits, parlerait d'un *Journal* et d'un poème de sa composition qu'il aurait rencontrés manuscrits vers 1740 dans la bibliothèque d'Amalteo d'Oderzo ; il noterait aussi l'âpre polémique qui s'éleva entre Aléandre et lui.

(2) *Disciplinis omnibus inhians, paulo post a Daniele Patauino, magni*

De même que Tissard, Aléandre eut un juif pour maître (¹). Jusqu'à cette époque, en effet, la science de l'hébreu a été en la possession exclusive des Juifs. Mais vers la fin du XV⁰ siècle et au commencement du XVI⁰, un vif attrait de curiosité entraînait du côté des études hébraïques l'Europe chrétienne. Les Juifs furent naturellement les maîtres de cette nouvelle génération d'hébraïsants catholiques. Dans le *De ratione studiorum suorum*, publié par Georg. Theod. Strobel dans ses *Miscellaneen literarischen Inhalts*, (Niirnberg, 1780, t. III, p. 95) (²), Jean Eck, le célèbre théologien qui devait

nominis astrologo res astrologicas accurate perdidicit, deinde medicam disciplinam. Cum enim Graecas literas optime calleret et pater, Graeci sermonis ignarus, eius opera in Hippocratis Galenique locis perpendendis uteretur, eam artem facile adeptus est. Anno proximo, nempe 1498, a Mose Perez, Hebraeo Legionensi, Hebraicas literas edoceri voluit ; quem (qua erat pietate) ut Religioni Christianae nomen daret, hortatus est ; is autem sacro baptismate initiatus, Hieronymus Paulus nuncupatus est ; iis autem literis adeo profecerat Aleander ut eo ipso anno Venetiis accitus sit, ut Sebastianum Priolum, Nicosiensem archiepiscopum, eas edoceret. » Victorelli, dans *Ciaconius*, etc., page 1521.

(1) Cette influence considérable des Juifs en Italie se faisait sentir à Padoue. Un fameux philosophe et médecin juif de Lecce, Abraham de Balmes, était professeur d'hébreu à l'Université de Padoue où il mourut en 1523 ; il était l'auteur d'une grammaire hébraïque très accréditée, publiée en hébreu et en latin à Venise en la même année sous le titre de *Mique Abram, Peculium Abrae*. Dans la même université, à la fin du XV⁰ siècle, la philosophie était enseignée par un juif, le médecin Elie del Medigo, originaire de l'île de Crète, auteur d'un livre intitulé *Bechinat Bradat* (L'examen de la loi), composé en 1491. A Padoue encore enseigna Elias Levita que nous allons citer ; il était né à Neustadt, près de Nuremberg et il professa à l'université de Padoue en 1504 ; il y composa une exposition de la grammaire de Moïse Quimchi *(Comento)*, qui fut publiée à Pesaro en 1508 sous le nom de Benjamin, fils de Juda, son propre élève, qui lui avait volé son manuscrit (Cf. Geiger, *Ecrits posthumes*, Berlin, 1876, t. III, p. 3 ; Gubernatis, *Matériaux pour servir à l'histoire des langues orientales en Italie*, Paris-Florence, 1876 ; Steinschneider, *Litteratura italiana dei Giudei*, dans *Il Buonaroti*, vol. VI-XII, Rome, 1871-1877 ; Jacob Burkhardt, *La civilisation en Italie au temps de la Renaissance*, t. I, p. 370).

(2) Strobel a reproduit: *Epistola Iohann. Eckii Theolog. de ratione studiorum suorum scripta a. 1538, nunc vero primum edita. Alia epistola de obitu Io. Eckii Theologi, aduersus calumniam Viti Theodorici Ecclesiae Nornbergensis, autore Nuolphio*, Ingols., 1543, in-4⁰, très rare. — Cf. sur Jean Eck,

disputer pour l'unité catholique contre Luther et qui
eut avec Aléandre quelques relations, comme en témoi-
gnent des lettres conservées à la Vaticane, nous apprend
comment il avait acquis la connaissance de l'hébreu
avec Georges Reisch, prieur des Chartreux de Fribourg
et avec Reuchlin ; mais, retenu à Rome sous les pontifi-
cats de Léon X et d'Adrien VI, il reçut des leçons d'Elias
Levita que le cardinal Egidio de Viterbe considérait
comme le plus savant des hébraïsants, et d'un autre
juif, Loto ou Lotus.

Le maître d'Aléandre fut Moïse Pérez, juif du royaume
de Léon qui s'était enfui d'Espagne et s'était fixé à
Motta. Au bout de quelques mois, Moïse Perez dut
quitter cette petite ville pour obéir aux décrets du
Conseil des Dix. Mais il laissait son élève si bien instruit
dans les lettres hébraïques (¹) qu'à Pâques de 1499,
Sebastiano Priuli, archevêque de Nicosie, qui habitait
à Murano, se rencontrant à Venise avec Aléandre,
sollicita le jeune homme de lui enseigner l'hébreu.

Theodor Wiedemann, *Johann Eck*, Regensburg, 1865, et l'ouvrage de Jean
Janssen, *L'Allemagne et la Réforme, passim.*

(1) Aléandre était si fort en hébreu *che fu credito figlio di Ebreo* (Moroni,
Dizionario di erudizione storico-ecclesiastica, Venezia, t. 38, p. 263). On était
encore peu habitué à voir des chrétiens bien posséder cette langue, jusque là
apanage exclusif des Juifs. Luther avait reproché, comme nous l'avons dit, à
Aléandre d'être juif : « *Venit*, écrit-il, *his diebus Hieronymus Aleander, vir
sua opinione longe maximus, non solum propter linguas quas eximie callet,
siquidem Ebraca illi vernacula est.* » Luther savait pertinemment qu'il disait
un mensonge. D'ailleurs on a largement rendu à Luther toutes les injures qu'il
a débitées contre ses adversaires. Un exemple parmi des milliers. On lit dans
le *De vita et moribus atque rebus gestis haereticorum nostri temporis*, authore
Iacobo Laingaeo Scoto, Doctore Sorbonico, Parisiis, apud Michaelem de Roigny,
1581, folio 1, verso : « *Ejus patri nomen fuit Luder, quod fuit cognomen
maximae turpitudinis inter Germanos ; ut tale cognomen mali ominis puer
vitaret, filius eius dictus est Martinus Lutherus ; matri eius nomen erat
Margarita quae eum concepit, ea opinio est plurimorum clarissimorum virorum, operatione cuiusdam mali spiritus qui specie iuuenis saepius apparuit
et cum ea furtim concubuit atque dormiuit, antequam adhuc Johanni Luder
nupta esset.* »

Aléandre y consentit. Il demanda seulement à aller à Motta, sans doute pour obtenir le consentement paternel. Il ne fut pas de retour auprès de l'archevêque de Nicosie à l'époque convenue. Le prélat qui s'était pourvu d'un autre maître, se montrait pourtant disposé à recevoir Aléandre auprès de lui, mais avec une diminution d'honoraires. Indigné, Aléandre refusa (¹).

Il se retira pendant quelques mois à Venise où il poursuivit ses insatiables lectures et ses études étendues et approfondies sur les langues anciennes et orientales, les sciences, la philosophie, la théologie.

Il quitta Venise le 13 août de cette même année pour aller à Pordenone, afin d'assister à la solennité du baptême du juif Perez, son ancien maître, à la conversion duquel on veut qu'il ait beaucoup contribué. La cérémonie eut lieu le jour de l'Assomption en présence de Giovanne Maria Malipiero, podestat de Motta et du père d'Aléandre. Aléandre arriva trop tard pour être présent à la cérémonie. Le dimanche suivant du même mois, Aléandre disputa publiquement dans cette même ville de Pordenone sur la nature et les attributs des créatures angéliques avec Giovanne Pasetto l'Epirote (²). Il disputa si bien qu'il en tomba malade, pris d'une « double fièvre tierce »; il dut pendant trois mois garder le lit.

Aussitôt après son rétablissement, il revint à Venise, au commencement de l'année 1500. Y suivit-il quelques cours ? Est-ce à cette époque, ou dans ses voyages antérieurs, qu'il fut l'élève et l'auditeur de Gregorio

(1) Sebastiano Priuli est cité parmi les hébraïsants italiens du XV⁰ siècle par Angelo de Gubernatis (*Matériaux pour servir à l'histoire des études orientales en Italie*, Paris-Florence, 1876, p. 30).

(2) *Praeter humaniores literas insatiabilemque librorum omne genus lectionem Philosophiae et Theologiae serio studuit et 19 agens annum coram Praetore et Populo de Angelis cum Io. Pasetto Epirota, claro Theologo, ita disseruit ut omnibus admirationi esset.* » Victorelli, *eodem loco*, p. 1521.

Amaseo qu'il défendit contre ses détracteurs, comme Gregorio Amaseo en témoigne lui-même dans les *Diarii Udinesi* : « *L'Aleandro multo nostro propitio per esser stato mio auditore al tempo ch' io lezeva a Venetia et defensor contra li mei emuli.* » (¹) Nous l'ignorons. A vingt ans (²), il expliqua dans cette ville les *Tusculanes* devant un auditoire d'élite où l'on remarquait Maffeo Leone et Vincenzo Bolzani, patriciens de Venise, et Giovanni Batista Pontano (*Pontanus*), secrétaire du sénat, qui, depuis, restèrent les amis du jeune interprète de Cicéron.

La mort de son père, survenue le 7 janvier 1501 (³), interrompit pendant quelque temps son application. Il dut en outre mettre à la raison son frère Vincenzo qui, mal conseillé, s'était enfui de Motta, en emportant une grande partie de l'héritage, laissé par Francesco. Aléandre se mit à sa poursuite, le rejoignit à Crémone et le ramena à Venise où il le réduisit au devoir. Les notes autographes d'Aléandre, conservées à la bibliothèque archiépiscopale d'Udine, disent qu'il avait placé en 1499 son frère Giovanne Battista, pour étudier les belles-lettres, à Venise, *sub Manteio, in aede diui Marci.*

Puis Aléandre passa à l'université de Padoue. Là il aurait été, au dire de Mazzuchelli, l'hôte de Valerio

---

(1) *Diarii Udinesi dall' anno 1508 all 1541*, di Leonardo e Gregorio Amaseo e Gio. Antonio Azio, dans les *Monumenti editi della R. Dep. Veneta di Storia patria*, vol. XI, serie terza, cronache e diarii, vol. II, 1885, janvier 1537, p. 394.

(2) *Vigesimo aetatis anno Tusculanas QQ. Venetiis nobilissimis auditoribus interpretabatur, e quibus Maphaeus Leo, Vincentius Bolanus, Veneti patritij, et Io. Baptista Pontanus qui a secretis erat senatui, mirifice eum dilexerunt.* » Victorelli, *eod. loc.*, p. 1521.

(3) Victorelli cite un passage des *Adversaria* d'Aléandre, peut-être le mémorial d'Udine qui atteste ce fait : « *1501, die 7 Ianuarii obiit carissimus et clarissimus vir pater meus Franciscus Aleander anno 64.* » Victorelli, *eod. loc.*, p 1521.

Dolce et il y fut l'élève de Marc Musurus (¹). D'après Papadopoli, l'historien de l'université de Padoue (²), ce dernier
fait que le témoignage d'Aléandre lui-même confirme,
serait encore attesté par une lettre grecque de Musurus
qui se trouverait dans l'ouvrage d'un certain Angelita,
intitulé *De officiis curiae romanae.* Nous n'avons pu
rencontrer cet ouvrage, ni même ailleurs que dans
Papadopoli, la mention de cet auteur et de cet ouvrage.

Le bruit qui se faisait autour d'Aléandre, de ses
connaissances multiples dans toutes les parties de la
science contemporaine, des ressources plus abondantes
encore de son génie, décidèrent le pape Alexandre VI
à l'appeler auprès de son fils César Borgia, duc de
Valentinois (³), bien que le jeune savant n'eut encore que
vingt et un ans, et Ange Leonino, évêque de Tivoli,
alors internonce à Venise, ordonna à Aléandre le 14
novembre 1501 de demeurer auprès de lui afin qu'il
put le faire partir pour Rome au premier appel.

Sur ces entrefaites, le Pontife, ayant appris qu'à

(1) Musurus fut en 1503 délégué par le Sénat de Venise à la surveillance
des impressions grecques. Il l'atteste lui-même dans la préface de l'édition
aldine de Saint Grégoire de Nazianze en 1516 : « *Jampridem enim a me
cautum ut e publica Graecarum literarum officina cui liberalitate beneficioque
Veneti senatus tredecim jam annis praesidemus, etc..... »*

(2) Les indications de l'annaliste de l'Université de Padoue sont d'ailleurs,
soit dit en passant, sujettes à caution. Le livre de Papadopoli est « rempli de
faits imaginaires. Détails circonstanciés, détails fixés avec précision, titres et
citations d'imprimés et de manuscrits, bref tous les éléments constitutifs d'une
biographie bien documentée, Papadopoli les invente avec un aplomb stupéfiant
(Legrand, *Bibliographie hellénique,* Préface). »

(3) « Le criminel Borgia, dit avec emphase Merle d'Aubigné, l'appela à Rome
pour le faire secrétaire de son fils, de ce César devant le glaive meurtrier
duquel Rome tout entière tremblait. *Tel maître, tel serviteur,* a dit un historien
qui compare ainsi Aléandre à Alexandre VI. » (*Histoire de la Réformation au
XVIᵉ siècle,* Paris, 1860, t. III, p. 153). C'est une erreur qu'il emprunte aux
historiens protestants qui l'ont précédé, Ainsi Seckendorf, *Commentarii historici
de Lutheranismo,* Francfort, 1688, p. 496 : « *Olim famosissimi illius Borgiae
seu Ducis Valentini secretarius fuerat, famulus hero dignus.* » Aléandre *devait
être,* mais *ne fut pas* secrétaire du duc de Valentinois.

l'élégance de la parole et du style, Aléandre joignait une très grande dextérité pour les affaires, voulut d'abord l'envoyer en Hongrie pour y traiter certaines questions. Aléandre partit le 5 décembre. En route il fut saisi d'une longue maladie qui dura de longs mois. Il fut obligé de revenir à Venise (¹). Puis il apprit la mort du pape, sans avoir pu tirer aucun avantage des bonnes dispositions que ce Pontife avait pour lui (²).

Aléandre dut reprendre ses studieuses occupations d'autrefois (³). Il continua de s'instruire et d'instruire les autres. Toute espérance d'appel auprès de la Curie avait disparu. Pendant sept ans Aléandre, souvent malade, demeura soit à Padoue, soit à Venise, partageant son temps entre ses travaux et ses deux principaux protecteurs, Maffeo Léone (⁴) et Alde Manuce.

A Padoue resplendissait toujours la fameuse université dont s'enorgueillissait et que protégeait la Seigneurie de Venise. Un souffle généreux y vivifiait les études.

(1) *Caeterum cum Pontifex agnovisset cum praeter facundiam mira etiam in rebus agendis pollere dexteritate, in Hungariam quorundam negotiorum causa legavit ; ac morbo correptus qui eum multos menses afflixit, reverti conatus est.* » Victorelli, eod. loc., p. 1521.

(2) « *Hinc factum est ut Romana illa profectio evanesceret. Itaque ad annos 7, partim Venetiis, partim Patauii cum Maphaeo Leone consedit.* » Victorelli, cod. loc., p. 1521.

(3) A cette époque (janvier 1502) on lui conféra les deux bénéfices de Villanuova et de Santa Anastasia ; mais, poursuivi par l'envie et la malignité d'un de ses parents, il y renonça. Villanuova est peut-être la Villanuova située non loin de Brescia et du lac de Garde. — Dans Mandosio, *Degli archiatri pontificj*, Rome, 1784, vol. I, p. 261, nous lisons que l'un des fils de Gaspare Torrella, médecin du pape, Alexandre VI, « *fu scudiere come lui dello stesso Papa, Arciprete di Sulci e canonico di Cagliari e di Valenza per rinunzia del famoso Girolamo Aleandro, e poi vescovo d'Alife, indi d'Anagni.* » Aleandre a bien été par la suite chanoine de Valence ; nous ne pensons pas que Mandosio lui attribue dans sa phrase un peu équivoque la possession d'un canonicat à Cagliari.

(4) C'est à Maffeo Leone que Paul Manuce dédiera en 1532 son édition des Lettres familières de Cicéron : *M. Tullii Ciceronis epistolae familiares nuper accuratius et recognitae et emendatae*, MDXXXII, Venetiis. La lettre dédicatoire commence ainsi : « *Egregio senatori Maphaeo Leoni, patritio Veneto, Paulus Manutius, Aldi filius, salutem plurimam dicit.* »

On pouvait à cette époque, et peut-être plus justement, dire d'elle ce qu'en écrivait en 1530 Aonio Paleario : « La sagesse semble avoir élu domicile dans cette cité et la science y étale tous ses trésors. Il n'est pas de lieu au monde où l'on puisse mieux étancher cette soif de savoir qui nous consume » (1). C'est là qu'Aléandre continua de cultiver son esprit ; c'est là qu'avec son Mécène et son condisciple, Maffeo Leone, et aussi, d'après Mazzuchelli, avec Raimonde della Torre, de Vérone, qu'il suivit, avec les cours de Musurus, ceux de Carteromachos auquel, dans la lettre suivante, écrite en grec, il faisait honneur de tout ce qu'il savait en fait de grec (2) :

*
* *

Au très honorable et très intelligent Scipion Carteromachos de Pistoia, salut. A Venise, à Santa Maria formosa, dans la maison du magnifique seigneur Hieronymo Grimani.

« J'arrivais au cours [à l'Université], lorsqu'on remit vos lettres à Maffeo Lioni. Il regardait vers la porte et de très loin il me cria d'une voix forte (on ne se gêne

(1) Cf. sur l'université de Padoue Facciolati, *De Gymnasio patavino syntagmata XII*, Patavii, 1752, et *Fasti Gymnasii patavini*, Patavii, 1757, p. LV.

(2) Cf. Pierre de Nolhac, *Les Correspondants d'Alde Manuce*, Rome, 1888, p. 61, 63 ; Mazzuchelli, *Scrittori d'Italia*, I, part. I, p. 411; Sebastiano Ciampi, *Memorie di Scipione Carteromaco*, Pisa, apresso Ranieri Prosperi, 1811. On trouvera une lettre de *Scipio Carteromachus Angelo Politiano*, au XII° livre, f° xcii, verso, d'un recueil qui ne doit pas être commun : *Doctissime illustrium virorum epistole quas rogatus Politianus in ordinem redegit : que summopere usui esse poterunt qui volet et scribendi et loquendi artem adipisci. Venundantur Parrhisiis a Guillermo le Bret in clauso Brunelli sub intersignio Rose rubre*. A la fin on lit : *Hoc opus diligenter impressum est Parisiis anno Domini MCCCCCXV, xxii mensis Decemb.* Ce recueil, bien que datant de 1515, renferme de très nombreux passages grecs gauchement imprimés et sans aucune accentuation.

point dans cette ville de l'Etat de Venise), voulant
manifester sans doute sa bonne humeur : « Girolamo,
voici, voici nos plus chers amis Scipion et Marino
[Grimani] ! » Et moi-même, comme je te le laisse penser, je me sentis rempli de joie à cette nouvelle, pouvant
à peine croire que les dieux nous favorisent de la sorte.
J'embrassai ta lettre, après l'avoir lue quatre fois,
et je résolus de te répondre au plus vite. Mais je sais
que tu vas t'écrier : qu'est-ce qui a bien pu pousser
Aléandro à m'écrire en grec ? Comment décider quelqu'un à étaler mal à propos devant Scipion l'ambition
de ses tentatives helléniques ? vraiment c'est apporter
du blé en Egypte. C'est bien audace et folie que de
répondre en une langue étrangère à une lettre latine
de Scipion, qui a une tendre haine pour ce que je fais.
Et quelle ambition suis-je donc capable de te montrer,
moi qui ai appris de toi tout ce qu'on sait de grec
chez nous, moi qui en même temps me suis fortifié
sous ta direction dans nos lettres [latines], qui le recon-
nais et le dis à tout venant ? J'avais besoin, cher Scipion,
de ce préambule, pour m'excuser d'avoir préféré le
grec, bien qu'il m'eût été facile de t'écrire un peu moins
mal en latin. On me demandera pourquoi cette préfé-
rence : par la même raison qui rend une petite coupe
de lait plus chère à Pan, une poignée d'épis, offrande
des paysans, plus précieuse à Cérès que ne serait une
hécatombe. C'est de la même façon que je t'envoie les
prémices de mes connaissances en grec, qui sentent
bien leur rudesse, dans l'espoir que tu y prendras plus
de plaisir qu'à un présent de valeur plus grande. Je
dois rester dix jours au plus à Lemniacum (¹), bicoque

(1) Il est parlé de cette localité de la Vénétie dans Arnauld du Ferron (Arnoldi
Ferroni Burdigalensis, Regii consiliarii, *de rebus gestis Gallorum libri IX*,
Lutetiae, apud Vascosanum, MDL, *Ludovicus XII*, p. 47, recto).

du territoire de Vérone. De là, arrivé à la maison, rien ne m'empêchera de voler vers toi. Adieu, mon très illustre. Padoue, sept jours avant la fin du mois de scirrophorion.

Girolamo Aleandro. (¹) »

*
* *

Aléandre dut être aussi pendant quelque temps, un an peut-être, à Rome, il se pourrait, à Venise, dit Mazzuchelli, et le fait est plus acceptable, précepteur du neveu du cardinal Grimani auquel Scipion Cartero-machos donna des leçons par la suite : « *Scrisseui come ero in casa el cardinale Grimano accioncio per insegnare a uno nipote, quello a chi insegnaua el nostro Hieronimo Aleandro..... »*, dit Scipion Cartéromachos dans une lettre adressée de Rome le 2 décembre 1504 à Alde Manuce (P. de Nolhac, *Les Correspondants d'Alde Manuce*, p. 40). Aléandre devait connaître, avant ce préceptorat, le cardinal Domenico Grimani ; le célèbre bibliophile dont la bibliothèque de Saint Marc de Venise possède le splendide bréviaire illustré des miniatures séraphiques de Memling, était, en effet, patriarche d'A-quilée, ville voisine d'Udine et de Motta (²). Le cardinal habitait à Rome l'édifice qu'on appelle aujourd'hui le *palazzo di Venezia*. C'est là où il reçut en 1509 la visite d'Erasme et au cours de cette visite, il engagea vive-ment Erasme à choisir Rome pour sa résidence défini-tive. Le savant hollandais vit chez le cardinal l'élève

---

(1) Nous empruntons la traduction de cette lettre à M. Pierre de Nolhac, *Les Correspondants d'Alde Manuce*, p. 60.

(2) Cf. sur l'état présent d'Aquilée Dr Albert Robin, *Cinq jours de croisière en Istrie*, dans les *Mémoires de l'Académie de Dijon* (années 1895-1896), Dijon, Lamarche, 1896, p. 145.

d'Aléandre et de Carteromachos, le Marino [Grimani]
dont il est parlé dans la lettre précitée d'Aléandre :
« Après avoir bien causé, il fait venir son neveu, jeune
homme admirablement doué et déjà archevêque ; quand
il entre, il me défend de me lever ; il convient, déclare-
t-il, que l'élève soit debout et le maître assis. (¹) »

Aléandre était encore à Padoue quand Alde Manuce,
ce grand imprimeur de la Renaissance, si conscient de
l'œuvre civilisatrice qu'il accomplissait par la résurrec-
tion des écrivains grecs et latins, lui fit l'honneur d'ins-
crire son nom en tête de la magnifique édition de l'*Iliade*
de 1504 (²) qui, après trois siècles, est encore regardée
comme un chef-d'œuvre de typographie et de correc-
tion (³). Manuce y célébrait dans la lettre dédicatoire la
science et le talent du jeune humaniste. Voici le por-
trait, signé de la main d'un maître, du jeune érudit de
vingt-quatre ans :

(1) Cf. Pierre de Nolhac, *Erasme en Italie*, Paris, 1888, p. 87 et suiv. ;
Erasme, *Epistolae* édition de Leyde, t. III, 1375, A. D. On a de Gregorio
Amaseo d'Udine un *Panegyricus pro Utinensibus dictus Sacr. Card. Dominico
Grimano Patriarchae Aquilejensi Religiosissimo*, Utini, 1498, in-4º.

(2) M. Rebitté dit par erreur que cette édition est de 1508. C'était en 1504
que Scipion Cartéromachos prononçait *magno cum applausu in Gymnasio
Veneto* son discours *de utilitate Graecae linguae*.

(3) « Alde Manuce, comme le dit très bien M. Pierre de Nolhac, n'attend pas
seulement une statue, mais un biographe. » Nombreux sont pourtant les travaux
consacrés à ce grand ouvrier littéraire, à sa famille et à son imprimerie. Ce
n'est pas ici le lieu d'en dresser l'inventaire. Tout le monde connaît les études
sur ce sujet d'Apostolo Zeno, de Chr. Th. Unger, Manni, Jacopo Morelli, Cicogna,
Renouard, Firmin Didot, Schück, Baschet, Geiger. Mentionnons toutefois parmi
les travaux déjà anciens Lazeri. *Miscellaneorum ex mss. libris bibliothecae
Collegii Romani societatis Jesu tomus I et II*, Romae, 1857, et parmi les plus
récents l'*Erasme en Italie*, Paris, 1888, et *Les Correspondants d'Alde Manuce*,
Rome, Imprimerie vatic., 1888, de M. Pierre de Nolhac. On trouvera dans la
préface de ce dernier recueil, très important et très abondant, une liste des
derniers ouvrages relatifs à la question aldine. La Bibl. Nat. (Nouv. acq. fr.
1056-1057) possède un ms. de Née de la Rochelle, libraire parisien de la fin
du XVIIIe siècle, intitulé *Aldina*. Ce ms. n'est pas sans intérêt et Renouard a
dû s'en servir pour la composition de son célèbre ouvrage, les *Annales de
l'imprimerie des Aldes*, comme semblent le démontrer plusieurs lettres placées
dans ce manuscrit.

*
* *

« Les livres que j'imprime avec tant de soins et de
pénibles labeurs, semblent en quelque sorte renaître
dans ma maison. Aussi m'est-il permis, je pense, à
cause de cette renaissance de les dédier à qui me plaît.
J'ai donc voulu que l'*Iliade* et l'*Odyssée* d'Homère, avec
les autres œuvres qui subsistent de ce poète, sortissent
de notre nouvelle académie sous ton nom, mon cher
Aléandre. Ce n'est pas pour te rendre par cette dédicace
plus prompt à l'étude des bonnes lettres. En cela il
faudrait plutôt t'arrêter que t'exciter. Mais j'ai voulu
que cette lettre fît connaître à tous, mes sentiments
d'affection pour toi, ton génie divin, ta science et tes
connaissances en tant de langues. Tu n'as pas encore
vingt-quatre ans et tu es déjà très savant dans les deux
idiomes classiques. Tu n'es pas moins habile en hébreu
et maintenant tu te livres avec une telle ardeur au
chaldéen et à l'arabe que les hommes admireront bientôt
en toi quelqu'un qui a cinq âmes, toi qui en possèdes
déjà trois, pour employer une expression dont se servait
en parlant de lui-même le grand Ennius. En outre tu
prononces les mots grecs avec une aussi grande volubi-
lité de langage, tu aspires avec autant de facilité l'hébreu
que si tu étais né et avais été élevé au milieu d'Athènes
ou de Jérusalem, alors qu'elles subsistaient (¹). Que
dirai-je de notre langue latine ? Tu la possèdes si bien
qu'en vers tu as déjà composé de grands et savants
livres de poésies lyriques, sylves, épigrammes, iambes

______

(1) « [Aléandre] composa, dit Victorelli, des lettres et des dialogues en grec
où il imitait Lucien dont le style aimable l'enchantait, et aussi des vers grecs
si brillants que Michel Hummelberger dans une lettre demeurée manuscrite,
l'appelait un poète remarquable qui ne le cédait qu'au seul Homère. » Victorelli,
dans *Vitae et res gestae pontificum Romanorum*, etc., Romae, 1630, p. 1521.

et poèmes de tout genre. En prose tu as écrit dans un style heureux des lettres, des discours, des dialogues. Ceux dans les mains desquels tes œuvres viendront très prochainement, diront combien elles sont dignes de l'approbation de tout homme instruit. Je laisse de côté la connaissance de la musique et des mathématiques. Je laisse de côté ton amour pour les arts libéraux et pour tout le cycle des sciences auxquelles tu t'appliques nuit et jour, à Padoue, avec Maffeo Leone, patricien de Venise, ce jeune homme d'un esprit excellent et si studieux de la bonne littérature auquel tu es lié par une indissoluble affection. Mais ce qui est par dessus tout digne de louange, c'est la pureté de tes mœurs. Tu es pleinement chrétien. Tu ne penses pas qu'il faille imiter ces esprits superficiels qui, pour paraître d'une nature supérieure et d'une délicatesse poussée à l'extrême, répudient la voie commune des honnêtes gens, sortent incrédules des études qu'ils ont à peine flairées, s'il est permis de s'exprimer ainsi, et deviennent ensuite très vicieux. Comme aucun autre de mes contemporains ne m'a semblé posséder tous ces dons, c'est avec raison que j'ai dédié cette édition du prince des poètes qui est la source de toute science à un poète très ingénieux et l'ami, lui aussi, de toutes les sciences. Et, bien que je sache que l'aide de Maffeo Leone, ton Mécène, dont la libéralité est vraiment admirable par ce temps de parcimonie, ne te fait jamais défaut, je veux pourtant que tu comptes sur moi. Aussi tiens pour certain que tu m'es, à cause de tes grandes vertus, de tes mœurs irréprochables *(sanctissimis)*, aussi cher que tu l'as été à ton père. »

*
**

Alde dédia aussi à Aléandre son édition de l'*Odyssée* de cette même année 1504 et, dans sa lettre dédicatoire, il félicitait le père d'Aléandre d'avoir placé son fils sous le patronage de Saint Jérôme dont Aléandre était l'émule par sa science et ses vertus :

« ...*Optime igitur a patre tuo, excellenti philosopho* « *et medico perinsigni, factum censeo cum D. Hiero-* « *nymo voluit te esse cognominem, quo illius fores et* « *doctrinae aemulus et probitatis, id quod a te factum* « *videmus miro successu.* » (¹)

Aléandre prenait sans doute plaisir à fréquenter la célèbre imprimerie qui s'élevait près du pont du Rialto et où tant de savants corrigeaient les impressions d'Alde « avec l'amour, suivant l'expression de Liruti, qu'un lévite met à parer ses autels. » Il faisait partie de cette *Neacademia nostra* dont parlait tout à l'heure Manuce dans sa préface et dont le président était Alberto Pio, prince de Carpi, celui qui, par la suite, devait à plusieurs reprises lutter contre Erasme. Il correspondait avec lui, comme l'atteste la lettre suivante du 26 janvier 1506 :

*
**

Au très excellent et très libéral propagateur de l'une et l'autre langue, messire Alde le Pieux, en quelque sorte son père bien-aimé..... A Venise, dans la maison d'André d'Asola.

IC XC

« Très excellent seigneur, salut. Hier, j'ai reçu vos

(1) D'après Victorelli, dans le *Ciaconius*, p. 1521.

lettres, bien que, par leur date, elles me paraissent
vieilles. Une dame me les a apportées. Je ne sais comment les dames sont devenues des messagères, mais
elles sont dans cet office très paresseuses comme en
tout leur naturel. De toutes façons je m'efforcerai de
faire ce que vous me commandez, comme j'y suis tenu
et je le dois ; mais je crois que nous aurons de la
difficulté à avoir le livre de Florence. Pour moi je
m'efforcerai de l'avoir et je ferai comme vous l'ordonnez.
Aujourd'hui les écoliers ont désiré que l'on fît la lecture,
et cependant si je lis, je ne sais ce qu'ils feront. Je
crois que je serai chez vous dans dix jours et je le ferai
savoir à messer Trifone (1)..... Je vais revoir encore
mes leçons et, dès que j'aurai terminé, je volerai vers
vous. Messire Louis se recommande beaucoup à vous
et dit qu'il est tout désorienté de ne pouvoir jouir de
votre douce compagnie. Sur moi je ne vous dis rien ;
s'il y a nécessité que je vienne plus tôt que dans dix
jours, écrivez-moi de venir..... J'emploierai volontiers
ces dix jours à revoir mes leçons. Adieu. Padoue, 1506,
26 janvier. Recommandez-moi à messire André (2) et
aux amis. Messire Maffeo (3) est pour ses affaires à
Vicence ; je ne puis rien vous dire de lui, sinon qu'il
se porte bien, à ce que je pense.

De votre excellence le fils et le client,

JÉRÔME ALÉANDRE. »

(1) Trifone Gabrielli. Cf. dans *Lettere di diversi huomini llustri, raccolte
da diversi libri*, Treviso, Zanetti, 1603 (Bibl. nat., Inv. 15794), une lettre de
Guidiccione à Trifone Gabrielli (p. 64).

(2) Messire André « messer Andrea », dans cette lettre et les suivantes,
désigne, cela va sans dire, André d'Asola.

(3) Maffeo Lioni, l'ami et le compagnon d'études d'Aleandro à l'université de
Padoue, dont nous avons déjà parlé. Cf. Mazzuchelli, *Scritori d'Italia*, I,
part. I, p. 411.

*
* *

Voici une autre lettre de mars 1506 :

« Très excellent seigneur, je vous écris en hâte, car je n'ai pas même le temps de manger et vous avise que je suis en bonne santé, et les autres aussi. Cependant le Carême gâte les estomacs avec les poissons et d'autres mets étranges. Je ne sais ce qu'il vous cause, bien que vous soyez infatigable. Je mets des notes sur ce que vous m'avez ordonné ; et je ferais plus encore si je ne devais pas annoter du grec, comme vous savez, et parfois plus qu'il ne serait nécessaire à notre affaire. Pour le moment j'ai les leçons de logique que voudraient trente individus et je ne puis leur donner un quart d'heure. Mais passons outre. *Laus Deo*. Je vous en prie, dites à messire Stephano qu'il me mande un Théocrite, parce que jusqu'ici j'ai corrigé sur un exemplaire que j'ai emprunté. Je vois que les belles corrections se multiplient et que messire Marco fait ce qu'il doit, et surtout pour ce dernier auteur. Je voudrais qu'il se fatigue pour nous, non pour les autres. De même, puisqu'il doit lire quelque chose de Thucydide, je vous prie de me le mander. Ces deux livres me sont très nécessaires et je vous prie très affectueusement qu'il ne vous déplaise pas de les donner à messire Stephano qui me les transmettra..... Je voudrais apprendre comment vont les choses d'Allemagne, si vous trouvez quelque chose sur Virgile et voyez, je vous prie, à ce sujet les frères de Saint Michel de Murano. Recommandez-moi à messire André et aux autres académiciens. Adieu et salut. Messire Maffeo et moi, nous nous recommandons à vous. A Padoue, le dix mars 1506. Je vous recommande mes terres de Cabarelli et dans le Théocrite voyez quel est exactement le cahier qui était corrompu.

Votre fils, JÉRÔME ALÉANDRE. »

***

A la fin Aléandre accepta d'être correcteur à la puissante imprimerie et vint même habiter sous le toit d'Alde et d'André d'Asola. Une lettre de Scipion Cartéromachos, du 14 avril 1507, nous apprend qu'Aléandre habitait alors chez Alde Manuce : « *Raccommandateme a messer Andrea, allo Aleandro et ceteris omnibus domesticis* » (¹), — et un billet du 15 août 1507, adressé par Fruticenus à Alde dit aussi : « *Vale cum Aleandro, Scipione reliquisque nostris amicis.* » (²)

A cette époque Aléandre paraît avoir travaillé à la préparation du texte des *Moralia* de Plutarque dont l'édition princeps, dirigée par Démétrius Doucas, devait paraître en 1509, avec une épigramme grecque d'Aléandre placée en tête (³).

Vers la fin de septembre 1507 Aléandre fut appelé par un procès dans son pays de Frioul, à Motta et à Udine, et de ces deux localités il adressait à Alde Manuce les lettres suivantes :

***

Au très excellent seigneur Alde Manuce le Pieux et le Romain. A Venise.

« Très excellent seigneur, Il faut que vous appreniez

(1) Pierre de Nolhac, *Les correspondants d'Alde Manuce*, Rome, Imprimerie vaticane, 1888, p. 40.
(2) Pierre de Nolhac, *eod. libr.*, p. 73.
(3) Cf. E. Legrand, *Bibliographie hellénique*, t. I, p. 92 ; P. de Nolhac,

quelque chose à notre sujet ; je suis en bonne santé et je m'efforce de me tirer d'ici pour venir à l'entreprise désirée ; cependant il faut que je me hâte, afin de n'avoir pas de motif pour revenir aussi facilement. Pendant ce temps portez-vous bien et mettez en ordre ce qu'il y a à faire. Débrouillez-vous de vos affaires, s'il se peut..... et arrangez ces affaires du Plutarque le mieux possible.

Dieu me donne la grâce que je me tire facilement d'ici. Portez-vous bien, saluez ceux de la maison et l'excellent messer Ambrosio ([1]) et les autres amis. Motta, le premier novembre.

Votre ALÉANDRE. »

*
* *

Au très excellent seigneur Alde Manuce Romain, le meilleur des amis. A Venise, à Saint-Paternien ou près du pont du Rialto.

IC XC

« Ne vous étonnez pas, je vous prie, si je ne suis pas venu aussitôt que je l'avais promis et que vous l'espériez ; mon accord avec la partie adverse ne peut se faire comme je l'avais pensé. Cependant je ne laisserai pas pour cela d'aller à Venise et j'espère que tout sera déci-

---

Erasme en Italie, p. 42, et les *Correspondants d'Alde Manuce*, p. 63. Nous reproduisons en appendice, d'après M. Legrand, cette épigramme grecque d'Aléandre.

(1) Il s'agit d'Ambrogio Léoni, de Nola, ainsi que dans les lettres suivantes. « C'était un médecin fort instruit qui réfutait Averroès et égayait l'atelier d'Alde par ses spirituelles saillies. » Cf. P. de Nolhac, *Erasme en Italie*, p. 46 et *passim ; Les Correspondants d'Alde Manuce, passim.*

dément fait pour la saint Nicolas. Ce jour-là je monterai en barque, sous la protection de Dieu, si je me sens bien, car les grands froids que j'ai pris en allant à cheval ces jours passés m'ont un peu ébranlé et accablé, si bien qu'au milieu de tels et de si grands ennuis, je ne sais comment j'ai encore eu si peu de mal, encore que ce mal soit d'une telle vigueur qu'il ne me laissait pas il y a huit jours sortir de ma maison. Je ne me suis pas encore alité néanmoins. Je vous prie en attendant de supporter patiemment mon absence. Par Dieu ! un jour me parait cent ans de ne pouvoir jouir dans la tranquillité de votre très docte commerce et de mon cher et illustre messire Ambrosio et des autres bons amis, aussi bien des familiers que des serviteurs de la maison. Je vous prie bien de me recommander à eux tous et surtout à messire André, mon très cher patron. S'il venait sur ces entrefaites un jeune homme de petite taille, il se nomme messer Titio, c'est une très docte et fort honorable personne qui veut donner ses soins aux lettres grecques, et s'il me demandait, dites-lui que vous m'attendez, mais que vous ne savez rien de certain sur mon retour. Et cela à cause de mes affaires. Adieu. A Motta, 1507, le dernier jour de novembre. Si messire Demétrius (¹) est arrivé de Carpi, saluez-le, je vous en prie, de ma part.

Votre ALÉANDRE. »

---

(1) Evidemment Démétrius Doucas, de Crète. Cf. P. de Nolhac. *Erasme en Italie*, p. 48 et *passim*. C'est Démétrius Doucas qui prépara les *Rhetores Graeci* et le *Plutarque* d'Alde. Il avait sans doute été voir à Carpi le prince Alberto Pio dont le palais est aujourd'hui devenu le palais municipal de Carpi.

*
* *

Au très excellent messire Alde Manuce Romain, propagateur des deux langues classiques. A Venise. A Saint-Paternien. Dans la maison de messire André d'Asola.

IC XC

« Salut, excellent Alde. J'ai écrit ces jours passés à messire Ambrosio que le troisième ou le quatrième dimanche de Noel, je devais partir de Motta pour Venise, ma fortune et ce maudit procès ont fait qu'il y a déjà vingt jours que je suis en Frioul, à Udine. Certes je souffre en pensant que vous vous en étonnez ; mais j'espère m'être tiré d'ici dans deux ou trois jours. Et lorsque j'aurai été à Motta, j'irai vous rejoindre. Je ne sais s'il m'a été mandé quelque chose à Motta, comme je l'ai écrit à messire Ambrosio : aussi je ne vous écris pas autre chose. Le porteur de la présente est un notaire très instruit du pays d'Udine. Il m'a rendu des services nombreux et gratuits dans mon affaire. Il voudrait acheter l'ouvrage de Politien ; si vous ne l'avez pas, faites, je vous en prie, ce que vous pourrez pour lui faire plaisir, pour l'amour de moi et à vos autres bienfaits innombrables à mon égard ajoutez encore celui-ci. Cotta (¹) vous salue bien ; il est ici avec l'illustre sei-

(1) « Ce Cotta qui paraît attaché à la personne du général vénitien, doit être le Pietro Cotta avec qui Erasme dîna à Venise *(Erasmi opera*, éd. de Leyde, t. III, col. 788 E). — Il y a des renseignements sur la famille Cotta dans un livre de Parrasio ; nous en avons sous les yeux une édition parisienne où nous signalons de nombreux fragments imprimés en grec et assez intéressants par la date. Le titre est : *Cl. Claudiani Proserpinae raptus cum Iani Parrhasii commentariis ab eo castigatis et auctis accessione multarum rerum cognitu dignarum.* A la fin : *Impressum Parisiis per Antonium Bonnemere impensis Ponti le Preux. Anno Domini MCCCCCXI. Die Vero XVIII Decembris.*

gneur Barthélemy Alviane ; l'un et l'autre me font beaucoup d'amabilités. Saluez de ma part messire Ambrosio et tous ceux de la maison. L'Amaseo (¹) dit qu'il vous enverra sous peu quelque argent et vous demande de lui pardonner. Il part tous les jours d'ici de l'infanterie de la Romagne. Cependant on ne dit pas autre chose. Tous mes adieux. Udine, 4 janvier 1508.

Votre ALÉANDRE. »

*
* *

Aléandre se rencontra dans la maison d'Alde avec Erasme venu, au commencement de 1508, pour y faire imprimer ses *Adages*. Il les avait déjà fait imprimer à Paris ; mais le libraire avait si étrangement défiguré le texte que le savant batave était honteux de son œuvre. Cette seconde édition vénitienne devait paraître en 1508. Tous les savants de Venise s'étaient empressés de fournir à Erasme les auteurs encore inédits qui pouvaient servir à son sujet. « Alde n'avait, dit Erasme lui-même, rien dans son trésor dont il ne me fît part. » De même Jean Lascaris, Battista Egnazio, Marc Musurus, fra Urbano (Bolzani). Il usa souvent des lumières et des secours d'Aléandre pendant la réimpression de son livre ; et dans cette nouvelle édition il remercia vivement Aléandre de lui avoir fait certaines communications précieuses, et particulièrement de lui avoir fait

Voir, à la suite des tables, la dédicace de Parrasio datée de Milan : *A. Ianus Parrhasius C. Catulliano Cottae Mediolanensi patricio.* » P. de Nolhac, *Les Correspondants d'Alde Manuce,* p. 65, note I.

(1) « Romolo Amaseo était d'Udine ; il semble avoir commencé son enseignement, cette année même à Padoue. Aux lettres d'Amaseo que nous avons indiquées ailleurs, joindre une lettre à Egnazio, *Patauii, XIV Kal. Iul. (Vat. Reg. 2023,* fol. 10). » P. de Nolhac, *Les Correspondants d'Alde Manuce,* p. 65, n° 2.

présent du recueil inédit des proverbes d'Apostolios :
« *Proverbiorum Apostolii copiam nobis fecit Hieronymus* », à l'adage *Festina lente*. Parfois Aléandre lui
expliqua des endroits difficiles comme ce passage du
Théélète dont il est question au proverbe *Rana gyrina
sapientior* (II, 419 C, édition de Leyde) (¹). Dans les éditions suivantes Erasme semble blâmer Aléandre de ne
pas lui avoir communiqué tout ce qu'il savait sur les
questions qu'il lui posait (II, 405 B. D.) Ils occupaient
chez André d'Asola la même chambre et probablement
le même lit, car alors les lits étaient rares, même chez
les riches (²). Dans tous les cas Erasme affirme qu'il a
eu avec Aléandre une vie commune *(domestico conuictu)*
assez intime pour connaître son genre d'esprit aussi
bien qu'il le connaissait lui-même (155 B). « *Fuit olim
inter nos arctissima familiaritas....* » dit-il à la lettre
501, p. 544 C de l'édition de Leyde.

Par la suite ils se brouillèrent pour des questions
religieuses au moment de ce qu'Erasme appelait si
bien la « tragédie luthérienne ». Erasme voyait dans

---

(1) Voici l'indication des passages des *Adages* où Erasme parle d'Aléandre :
Ne bos quidem pereat, chil. IV, centur. V, prov. I, p. 1053 ; *Festina lente*,
chil. II, cenur. I, Prov. I, p. 406 ; *Rana gyrina sapientior*, chil. II, centur. I,
prov. XXXIV, p. 419, dans l'édition complète de Leyde.

(2) Mazzuchelli, *Scrittori d'Italia*, t. I, art. Aleandro : «.....*che viverano
ad una stessa mensa, ma che per fino dormivano in uno stesso letto.* » —
« Erasmus occupied the same room and indeed, it would seem, the same bed,
— for in those days beds were few even in rich men's houses, — with Jerome
Aleander who was afterwards so notorious in the history of the Reformation....
He would seem to have been very friendly with Erasmus as long as they lived
together and although they eventually became ennemies, the latter never forgot
the agreable hours they had spent together over their books and their wine. »
(Robert Blackley Drummond, *Erasmus*, 2 vol. Londres, 1873, t. I.) — « *Beatus
Bildius, a patria Rhenaco Rhenanus dictus, in epistola ad Archiepiscopum
Coloniensem, Selestadii, 18 Kal. Sept A. 1536 : « Hieronymo Aleandro
Mottensi trium linguarum peritissimo qui hodie Brundusinae Ecclesiae
archiepiscopus praesidet, Erasmus familiarissime conjunctus fuit, utpote
contubernali, in aedibus Aldinis, qui scit me vera prodere,* » d'après Colomiès.

Aléandre un ennemi toujours acharné après lui, capable de tout pour le perdre. Il allait même jusqu'à l'accuser de vouloir l'empoisonner (¹). Aléandre reprochait à Erasme certains passages trop libres de ses écrits et le blâmait d'*abnegare Christum minimae gloriolae causa* (²). La perspicacité d'Aléandre voyait dans Erasme *il fundamendo di questa heresia* (Rapport d'Aléandre, dans Friedrich, *der Reichstag zu Worms*, Munich, 1870, p. 115-116). « *Io sempre ho saputo che Erasmo erat* fomes omnium malorum » (Balan, p. 100-101). Erasme au contraire prétendait dans une lettre de Bâle, datée de 1523, qu'il faisait plus contre le luthéranisme que tous les efforts d'Aléandre : « *Solus Erasmus plus fregit vires et animos illius factionis quam omnia Aleandri molimina.* »

Malgré ces dissentiments si vifs, Erasme rendit toujours justice aux connaissances étendues et au réel mérite d'Aléandre : « *Hieronymus Aleander, Archiepiscopus Brundusinus, propugnator nutantis Ecclesiae, omnibus linguis excellit* », écrivait-il à l'adage *Ne bos quidem pereat*, et il regrettait que la diplomatie eût absorbé un aussi bon philologue qu'Aléandre, *prorsus*

---

(1) Erasme fait part de ses soupçons à ce sujet à Nicolas Everard, *Hollandiae praesidem : « Quid Caietano Card. superbius aut furiosius ?..... quid Marino ? quid Aleandro ?..... Aleander plane maniacus est, vir malus et stultus..... Res, ut audio, nunc agitur venenis. Parisiis sublati sunt aliquot qui Lutherum manifeste defendebant. Fortassis hoc in mandatis est ut, quoniam aliter vinci non possunt hostes Sedis Romanae (sic enim illi vocant qui harpyis illis non per omnia obsequuntur), veneno tollantur cum benedictione Pontificis. Hac arte valet Aleander. Is me Coloniae impensissime rogabat ad prandium ; ego, quo magis instabat, hoc pertinacius excusavi..... »* d'après Gerdes, *Introductio in historiam evangelii seculo XVI passim per Europam renovati doctrinaeque reformatae*, Groningae, 1744, t. III (documents annexés, p. 11-12). Voyez encore von der Hardt, *Historia literaria Reformationis*, Francofurti et Lipsiae, 1717, première partie, p. 106-107.

(2) Lettre d'Aléandre à Sanga, Bruxelles, 30 décembre 1531, dans César Cantu, *Les Hérétiques d'Italie*, t. I, p. 620.

indignum qui profanis negotiis seruiat. En somme, ils n'oublièrent jamais ni l'un ni l'autre les bonnes heures qu'ils avaient passées ensemble sur leurs livres en buvant quelque bon verre de bon vin, du vin de Chypre peut-être, *Monembaticum vinum*, le vin préféré d'E-rasme, à ce que hurlait Jules César Scaliger dans ses invectives contre le philologue de Rotterdam (¹). Ils devaient se rencontrer encore une fois à Louvain, où ils s'attardèrent à causer ensemble jusqu'au milieu de la nuit, non pas sur les sujets théologiques qui les occupaient et les divisaient, mais sur les lettres ancien-nes, *producentes litteratas fabulas* (²).

C'est à ce moment (avril 1508) qu'Aléandre, excité peut-être par les récits d'Erasme, songea, puis se décida à quitter Venise et l'Italie et à venir en France, à Paris. Nous parlerons de ce départ d'Aléandre pour Paris dans un second fascicule où nous étudierons l'œu-vre d'humaniste qu'il accomplit pendant son séjour dans notre pays, en particulier auprès des Universités de Paris et d'Orléans (³).

-----

(1) Cf. J. C. Scaligeri *oratio contra Ciceronianum Erasmi*, éd. de Heidelberg, 1618, p. 8, 21, 22, 38 ; Pierre de Nolhac, *Erasme en Italie*, p. 37-38 ; Drummond. *Erasmus*, 1873, t. I, p. 172 ; Nisard, *Les Gladiateurs de la République des Lettres au XV*, *XVI* et *XVI* siècles*, Paris, 1860, p. 330-334.

(2) Erasme de Leyde, III, 750 D ; cf. Pierre de Nolhac, *Erasme en Italie*, Paris, Klincksieck, 1888, p. 50-51.

(3) Sur « Tissard et la jeunesse d'Aléandre », on pourra consulter avec le plus grand profit le travail très intéressant et très précieux de M. l'abbé J. Paquier, *L'Université de Paris et l'humanisme au début du XVI* siècle, Jérôme Aléandre* (Extrait de la *Revue des questions historiques*), Paris, 1899, p. 6, 7, 8 et 9.

APPENDICES.

I

Bibliographie des éditions grecques parisiennes publiées par Fr. Tissard[1]

I

Fr. Tissard, *Liber Gnomagyricus* (12 août 1507).

In hoc volumine contenta,
Alphabetum graecum,
Regulae pronunciandi graecum,
Sententiae septem sapientum,
Opusculum de inuidia,
Aurea carmina pythagorae,
Phocylidae poema admonitorium,
Carmina sibyllae erythræae de iudicio χρι venturo.
Differentiae vocum succinta traditio.
[Marque de Gilles de Gourmont, avec les mots : Liber gnoma-gyricus, à gauche, et à droite : βίβλος ἡ γνωμαγυρική.

(1) Nous avons vu par nous-même les diverses éditions de Tissard. Cependant nous n'avons pas cru pouvoir mieux faire que d'emprunter à l'excellent *Essai* de M. Henry Omont *sur les débuts de la typographie grecque à Paris (1507-1516)*, Paris, 1892, la description de ces éditions. C'est le travail d'un maître qu'il est inutile de vouloir dépasser. Nous nous sommes également servi, et avec le plus grand profit, de ce travail précieux pour les textes de nombreuses préfaces de Tissard et d'Aléandre, quoique nous les ayons lues et copiées sur les éditions originales.

ꟼ Venales reperiuntur in vico sancti Ioannis latera- ‖ nensis e regione cameracensis collegij apud Egidium ‖ gourmont diligentissimum et fidelissimum bibliopolam.

Fol. 1 vᵒ. Franciscus Tissardus Ambacaeus ‖ omnibus bencuolentissimis/studiosissi ‖ mis/et litterarum cum latinarum aman ‖ tissimis/tum graecarum cupientissimis. S.// ꟼ Nemini dubium est....

Fol. 4. Sequitur Alphabetum graecum.

Fol. 5. ΑΙ ΤΩΝ ΕΠΤΑ ΣΟΦΩΝ ΓΝΩΜΑΙ. ‖ ΠΕΡΙΑΝΔΡΟΥ ΤΟΥ ‖ ΣΟΦΟΥ.

Fol. 13. ΧΡΥΣΑ ΕΠΗ ΤΟΥ ‖ ΠΥΘΑΓΟΡΟΥ.

Fol. 15. ΣΤΙΧΟΙ ΕΙΣ ΤΟΝ ΦΩΚΥΛΙΔΗΝ.

Ὁ φωκυλίδης εὐπρεπῆ ζήσας βίον.

. . . .

Fol. 15 vᵒ. ΦΩΚΥΛΙΔΟΥ ΠΟΙΗΜΑ ‖ ΝΟΥΘΕΤΙΚΟΝ.

Fol. 22 vᵒ. ΣΤΙΧΟΙ ΣΙΒΥΛΛΑΣ ΤΗΣ ΕΡΥΘΡΑΙΑΣ.....

Fol. 23 vᵒ. Ἰησοῦς Χριστὸς Θεοῦ Υἱὸς Σωτήρ Σταυρός. (1)

Ταῦτα ἱστορεῖ ὁ Καισαρείας Εὐσέβειοσ

ὁ παμφίλου ἐν τῶ λόγῳ, ὃσ

ἐκλήθη βασιλικὸσ.

Διαφορὰ φωνῆς. (2)

Ἐπὶ κύκνου ᾄδειν. Ἐπὶ ἀηδόνοσ τερετίζειν.

. . . .

Fol. 24 vᵒ. ꟼ Francisci Tissardi Ambacaei ad clarissi ‖ mum ac studiosissimum scholasticorum ‖ Parrhisiensium cœtum Paraclesis. ‖ ꟼ Praestaturus operam...

Fol. 26 vᵒ. ꟼ Operoso huic opusculo extremam imposuit ‖ manum Egidius Gourmontius integerrimus ac fi- ‖ delissimus/ primus duce Francisco Tissardo Amba- ‖ caeo/graecarum litterarum parrhisijs impressor. Anno a na ‖ tiuitate dni. MCCCCC. vij. Pridie Idus Aug.

[Petit in-4ᵒ, 26 feuillets non paginés, de 16 et 17 lignes à la page (148/158 × 95ᵐᵐ) ; 4. fol. prélim. et signatures α-ι. - ε. ιιι. Accents indépendants des lettres. — [*Bibl. nat.*, X. 273. A. a ; *Mazarine*, 11578 (3) ; *Sainte-Geneviève*, X, 292 (1).]

(1) Ces mots sont en lettres capitales dans l'ouvrage de Tissard.
(2) Ces mots sont en lettres capitales dans l'ouvrage de Tissard.

II

Homère, *Batrachomyomachie*, éd. Fr. Tissard
(18 septembre 1507).

Franciscus Tissardus Ambacaeus spectatissimo ac ‖ obseruandissimo dno Ioanni aureliano Archi- ‖ episcopo Tholosano/et
bonarum litterarum ‖ Studiosissimo. S. ‖ ◘ Cum to studiosum
non mediocriter....

Fol. 2 v°. Ὅμηρου βατραχομυομαχία (1).

[Ἀ] ρχόμενοσ πρῶτον μουσῶν ‖ χορὸν ἐξ ἐλικῶνοσ.

Fol. 12. Φραγκίσκου Τισσάρδου Ἀμβακαίου Ὕμνοσ ‖ εἰσ Μούσασ,
Ἀπόλλωνά τε καὶ Ἀρ- ‖ χιεπίσκοπον Θολωσάνον. ‖ Μουσῶν ἄρχομαι
αὐτὸσ Ἀπόλλωνοσ τε Δίοσ τε.... (12 vers).

TRALLATIO. ‖ Francisci Tissardi Ambacaei Hymnus in
Musas/ ‖ Apollinemque/ et Archiepiscopum Tholosanum.

Fol. 12 v°. ◘ Operoso huic opusculo extremam imposuit
manum ‖ Egidius Gourmontius integerrimus ac fidelissimus/
pri- ‖ mus duce Francisco Tissardo Ambacaeo/graecarum
lit- ‖ terarum Parrhisijs impressor. Anno dni. MCCCCC. ‖ vij.
xiij. Cal'. Octobres.

[Petit in-4°, 12 feuillets non paginés, de 16 lignes à la page
(148 × 95ᵐᵐ); signatures α.ι.-γ.u. Accents indépendants des
lettres. [*Bibl. nat.*, Y (non porté); *Mazarine*, 11578 (4); *Sainte-
Geneviève*, X. 292 (3).]

III

Hesiode, *Travaux et Jours*, éd. Fr. Tissard
(28 octobre 1507).

Franciscus Tissardus Ambacaeus Ioanni Moreleto Mu- ‖ saeo
serenissimi ac Christianissimi galliarum Re- ‖ gis Secretario
meritissimo/ & ami- ‖ corum charissimo. S. ‖ ◘ Grauiter et iniquo
animo ferrem....

(1) Ces mots sont en lettres capitales dans cette édition.

Fol. 2 v°. Ἡσιόδου τοῦ Ἀσκραῖου ἔργα καὶ ἡμέραι (¹).

[Μ]ΟΥσαι πιερίηθεν ἀοιδῇσι ‖ κλείουσαι, ‖ . . . .

Fol. 28. ☐ Operoso huic opusculo extremam imposuit ma-num ‖ Egidius Gourmontius integerrimus ae fidelissimus pri- ‖ mus duce Francisco Tissardo Ambacaeo/ graecarum lit- ‖ tera-rum Parrhisijs impressor. Anno dni. M.CCCCC. ‖ vij. Quinto Cal'. Nouembres.

[Petit in-4°, 28 feuillets non paginés de 16 et 17 lignes à la page (148/158 × 95ᵐᵐ) ; signatures A. ι.-G. ιι. Accents indépen-dants des lettres. [*Bibl. nat.*, X. 98 (2) (²) ; *Mazarine*, 11578 (5) ; *Sainte-Geneviève*, X. 292 (4).]

IV

CHRYSOLORAS, *Grammaire*, éd. **Fr. Tissard**
(**1ᵉʳ décembre 1507**).

[Marque de Gilles de Gourmont, avec ces mots, à gauche : Γνῶθι σαυτόν ; à droite, Μηδὲν ἄγαν ; en haut, Ἐρωτήματα τοῦ Χρυσολωρᾶ ; en bas, Grammatica Chrysolorae.

Fol. 1 v°. Franciscus Tissardus Ambacaeus Spectatissimo ac ‖ obseruandissimo dno Ioanni aureliano Archi ‖ episcopo Tholosano/ et bonarum litterarum ‖ Studiosissimo. S. ‖ ☐ Profu-turus mea opinione ac iudicio. . . .

Fol. 4. Ἐρωτήματα τοῦ Χρυσολωρᾶ (³).

Fol. 81 v°. ☐ Ad Archiepiscopum Tholosanum Francisci ‖ Tissardi Ambacaei Epigramma.

Fol. 82. ☐ Eiusdem Ad dnm Oliuerium Lugdunum ‖ Distichon.
☐ Charolus Rousseus Ad Lectorem. ‖ Tetrastichon.

Fol. 82 v°. ☐ Operoso huic opusculo extremam imposuit ma- ‖ num Egidius Gourmontius integerrimus ac fidelissi ‖ mus/ primus duce Francisco Tissardo Ambacaeo/ ‖ graecarum littera-rum Parrhisijs impressor. Anno dni ‖ M.CCCCC. vij. Cal'. Decembr.

---

(1) Ces mots sont en lettres capitales dans l'original.
(2) L'*Hésiode* de Tissard se trouve placé à la fin de sa *Grammatica hebraca*.
(3) Ces mots sont en lettres capitales dans l'original.

[Petit in-4°, 82 feuillets non paginés, de 17 lignes à la page (158 × 95ᵐᵐ) ; signatures a. ij. — v. iij. Accents indépendants des lettres. [*Bibl. nat.*, X. 62 A (2) ; *Arsenal*, B. L. 250 ; *Mazarine*, 11578 (2) ; *Sainte-Geneviève*, X. 292 (2).] (1)

V

Fr. Tissard, *Grammaire hébraïque* (29 janvier 1508 [1509].

[Marque de Gourmont : en haut : Ἀγαθὴ καὶ μάζα μετ᾽ἄρτον ; en bas, Νόει καὶ τότε πράττε ; à gauche, Ἀγαμεμνόνεια φρέατα ; à droite, Σπεῦδε Βραδέως.].

◻ Venales reperiuntur in vico sancti ‖ Ioannis lateranensis e regione camera- ‖ censis collegii apud Egidium gourmont ‖ diligentissimum et fidelissimum bibliopolam.

Fol. 1 v°. Franciscus Tissardus Ambacaeus ‖ illustrissimo ac serenissimo principi ‖ domino Francisco Valesio ‖ Valesiorum duci Et ‖ Angollismorum Comiti. S ‖ [S]Epe numero cum mecum repeterem Il- ‖ lustrissime....

Fol. 72 v°. SEQVITVR ALPHABETVM GRECVM. » — *Fol.* 73. — « Oratio Dominica, » et autres prières avec la traduction latine interlinéaire. — *Fol.* 85. « Hippocratis Iusiurandum Pro Medicis. » — *Fol.* 87. Règles de prononciation. — *Fol.* 87 v°. « ABBREVIATIONES GRECE. » — *Fol.* 88. « Erratula.... » — *Fol.* 88 v°. « MODVS COMPVTANDI GRECORVM ».

Fol. 89 v°. Ad dominum Tissardum Ambacaeum Iuris ‖

---

(1) On pourrait peut-être rapporter à cette année 1507 le livre suivant : Musée, *Héro et Léandre*. — Musaei Antiquissimi poetae 𝕴 de Leandri et Herus amoribus. 𝕴 [Marque représentant le *Prestre Jehan*, debout, tenant un livre fermé et une sorte de sceptre.] Veneunt in aedibus Egidii ‖ Gourmontii e regione Collegii Cameracensis. — Petit in-4°, 8 feuillets non paginés de 23 et 24 lignes à la page (150/155 × 96ᵐᵐ) ; signatures αιι — ιιιι. Accents fondus avec les lettres. [*Nevers*, 1780 (2) ; *British Museum* 11335, C). — Cf. Hofman, *Lexicon bibliographicum*, Lipsiae, 1836, t. III, p. 104 : « in-4°, Musaeus, de Leandri et Herus amoribus, Graece, Parisiis, Aeg. Gourmont, 18 ff. Rarissima est editio quae cira a. 1507 prodiit in lucem. » M. Henry Omont rapporte le livre tel qu'il est indiqué dans la précédente description que nous lui avons empruntée, à l'année 1515.

vtrivsque Doctorem, Graecae, Hebraicae, et Latinae, trium linguarum callentissimum, Petri Corderij Parrhi- ‖ sini σχεδιον et expromptuarium δυοδεκαστιχον.

Fol. 90. AD Praestantem, ac eximium Decretorum doctorem ‖ Parrhisium Petrum Corderium, cum varia, ac mul- ‖ tiplici litterarum eruditione, ac doctrina, tum ‖ omnigena et virtutis, et laudis decore ornatissi- ‖ mum Amœbaeum Epigramma.

Fol. 90 vᵒ.   DIALOGVS

Προθυμοπάτρισ καὶ Φρόνιμοσ. Qui videlicet pro ‖ patria promptus est. et Prudens.

De Iudaeorum ritibus compendium.

Tabula elementorum hebraicorum.

Documenta ut debeant illa elementa proferri, ac legi. Vt hebraei numeros signant.

Oratio dominica hebraicis characteribus impressa.

Genealogia beatae mariae una cum aliis plusculis, ‖ eisdem characteribus impressioni mandata.

Iesus nazarenus rex iudaeorum. Latine, graece, et ‖ hebraicè.

Grammatica hebraica succincte tradita.

Tabula elementorum graecorum cum diphthongis, et ‖ pronunciandi regulis. et pluribus graecis oratio- ‖ nibus. Et hyppocratis iusiurando.

Abbreviationes graecae.

Vt graeci numeros signant amplissima descriptio.

D Operoso huic opusculo extremam imposuit ‖ manum Egidius Gourmontius integerrimus, ‖ ac fidelissimus, primus duce Francisco Tissardo ‖ Ambacaeo, graecarum, et hebraearum litterarum ‖ Parrhisius Impressor. Anno a natiuitate domini ‖ M.CCCCC. VIII. Quarto Calen. Februa.

[Petit in-4ᵒ, 90 feuillets non paginés, de 20 lignes à la page (148 × 92ᵐᵐ) ; signatures A. ii — Y. i. Accents indépendants des lettres. [*Bibl. nat.*, X. 98 (1); *Mazarine*, 11577 (2), 11578.] (¹)]

---

(1) **F. Tissard** tient pour l'itacisme. Voici comment il indique les noms des lettres grecques : alpha, vita, gamma, delta, epsilon, zita, ita, thita, iota, cappa, lafda, my, ny, xi, omicron, pi, rho, sigma, taf, ypsilon, phi, chi, psi, omega.

II

Documents imprimés et manuscrits relatifs à François Tissard.

———

I

(Documents manuscrits)

PRÉFACE DE FR. TISSARD A SA TRADUCTION LATINE MANUSCRITE DE LA *Médée*, DE L'*Hippolyte* ET DE L'*Alceste* D'EURIPIDE.

Illustrissimo ac serenissimo principi Francisco Valesio, Valesiorum duci et Angolismorum comiti, domino suo metuendissimo, Franciscus Tissardus Ambacaeus, utriusque juris doctor, s. p. d.

Suasus saepenumero et a complusculis rogitatus ut aliquid e graeco in latinum translatum posteris relinquerem, multum ac diu reluctatus sum, nec ullis unquam aut suasionibus aut precibus flectebar, nec movebar quidem, tametsi rationibus vehementibus et procul dubio satis energiae sapientibus ac urgentibus pene, quibus non parum subnexae multorum preces persuasioni fuissent, ni et suis rationibus aliquas contrarias in promptu habuissem.

....Nonnulli enim Esculapidarum genere ac Hippocraticam sectam publice profitentes hoc nonnunquam (quum illis aliquas quandoque lectiones traderem) me poscebant, quo facilius ad illos percelebres ac famigeratos doctores graecos, Platonem, Aristotelem, Hippocratem, Gallenum et caeteros hujuscemodi perinde se atque ad Pythii Apollinis oracula ex latinis transferrent, quod interdum mihi asseruerint eorum doctrinam mancam et ob varios intellectus variasque sententias et opiniones violatam, temeratam ac pessum ituram, ni brevi ad hos veluti ad fontem atque originem illius artis pateret aditus.

....Veruntanem facilius multo quibusdam et plane multis

humanarum litterarum publice in hac candida Bononiensi
universitate (quae doctae Athenae merito nuncupari possunt)
professoribus assensum praestiti et in eorum pedibus (ut
inquiunt) sententiam ivi, qui aiunt aliqui quidem linguam
latinam ebetem absque graeca esse, quidam vero altera tantum
ornatum et praecipue latina (quod magis graecae locutionis
indigeat ipsa, quam contra, quanquam altera alterius auxilio
eget) caeco comparant, quod assidue tanquam caecus anceps
ac haesitabundus originis ignorantia nutet ; alii autem graecam
latinae materiam affirmant, quum verborum eloquium. sententiarum profluvium illinc emanarit, defluxerit. Unde enim
philosophia, nedum naturalis, sed etiam moralis originem traxit,
nisi ab illis insignibus graecis Aristotele et divino Platone ejus
praeceptore, Socrate quoque utriusque qui et philosophiam
moralem coelitus in terras dicitur revocasse ? Unde medicina ?
Unde theologia ? Nonne sacrarum rerum ac divinarum nuncii
(quos ex graecis evangelistas appellamus) graecis characteribus
scribendo nos edocuere, et fidem in Testamento veteri figurate
traditam lingua haebraica retexuere nobis, claramque ac eluci-
datam reddidere, ut testatur in epistola ad Damasum papam
et ubique Hieronymus ille, tutissima fidei nostrae columna,
qui merito trilinguis nuncupari posset, quod illas tres linguas
hebraicam, graecam, latinam optime et quam facillime calluerit.
Quid memorem et in jureconsultorum legibus quasdam graecorum insertiones centum circiter et quinquaginta, quas quidem
nuper etiam leges integras, quae nobis deerant, dominus
Ludovicus de Bologninis eximius utriusque juris doctor ex
Pandectis Florentinis solus ab legum promulgatione fertur
exeerpsisse ! Necnon et Auctenticas graecas cum variis titulis
nobis temporum edacitate deficientibus, ipsomet mihi pandente,
vidisse testor, quae brevi ipso in lucem emittere pollicito palam
prodire reor.

..... Veruntamen semper sententiae Baptistae Guarini Ferrariensis, olim praeceptoris mei colendissimi, et in universo orbe
famatissimi et in utraque lingua celebratissimi, adhaesi, qui,
quum sub ejus acie aliquandiu meruerim, nostros graecorum
sermonum vacuos appellari monoculos ab ipso nonnunquam
audivi.... Quocirca.... monuere me saepius profitentium
plerique ut aliquod opusculum in lucem ederem e graeco in
latinum ad verbum versum, tum tum studio suo proprio, tum

publico scolasticorum cœtui consulerem. Suscitabant praeterea
me ob gloriam patriae, meapte fama, et honore proprio simul
ac utilitate stimulabant. Nihilomagis tamen me perciebant, non
fama, non honor unquam tangebant, nusquam utilitas, sola
me patriae, illarum videlicet tuarum Ambacarum celebrium
atque divinarum, gloria titilabat.

Sed quum mecum aliquotiens versarem quid meae vires,
quid valerent humeri necnon et studia mea utriusque censurae
onus graviusculum et provintiam nimis difficilem animadverti.
Quare hunc fascem humeris imponere renixus commoditatem
temporis abesse respondebam. Illis tamen opera mea indigen-
tibus perlubenti animo singulis private pollicebar praestare.
Plane nec ex quattuor alius de alio noverat quicquam, neu
illorum famam (quae jam passim volitabat ob sua opera jam
edita et commentaria graecis ubique perfusa in lucem emissa
ad haec et propter publicam eorum professionem) me veluti
novum ac ignotum, quod Ferraria recenter huc appulissem,
denigrare suspicarentur, crederent. Ita, hercle (ut verum fatear)
Musae per ministros suos hactenus me foverunt, ita me paverunt,
fuit tamen tandem aut conjecturis, aut tempore, aut fama
aliquandiu post detectum....

....Utcunque tamen fuerit tandem in lucem prodiit, nihilominus et posthac assidue, aliquantisper nonnunquam etiam
tametsi invitus idem pene exercitium adhibui, vel amicis
interpellantibus, vel meamet urgente necessitate, cujus quidem
nec pudet sane, nec piguit unquam ingenium exercuisse.
Demum temporibus sibi invicem succedentibus, quum ad
aestatem proxime defluxam elapsamque, eodem fere semper
tenore observato, subrepsissemus inter studendum quibusdam
juris caesarei lectionibus a doctoribus ac praeceptoribus nostris
colendissimis et facile excellentissimis legendis ac interpretandis,
in studiolo interea nostro extemporanea subitaneaque cogitatio
adeo me perinde ac telo quodam perculit, adeo me instanter
interpellavit et interpellanter institit, ut nescio quod magnum,
nescio quod difficile, nescio quod arduum, vix licet imperfectibile,
non exegissem.... Te enim in primis prae oculis statuit,
Euripidis tragoedias in mente effigiavit, necnon et aliquas
illarum a me interpretandas esse mihi jussum est, hinc
parentum benivolentiam conciliatum ire, his quoque facilius
conniventibus me hic aliquanto diutius permanere. Haec sunt

quae omnia simul in mente repraesentata sunt.... Itaque hoc spiritu correptus extemplo tragoedias jam in pulpitis nostris pulverascentes accepi, et memet ipse totus admirabundus ac pene stupidus consului.... Quocirca id quod unquam multi multis persuadere exhortationibus nequiverunt, sola illa ac unica animi instigatio efficere concivit, pepulit, coegit. Primum tamen illorum post votis morem gerendo ut verbo verbum fideliter unumquodque redderem, nec constructionibus quibuspiam rudibus nimis ac nimis asperis terrerer, quae non multum eleganter nec sine figura dicendi in latinum possunt ad verbum verti, primam tragoediam et secundae dimidiam aestate superiori obsequens illorum voluntati traduxeram, more Boetii, viri suo seculo doctissimi, qui rite singula quaeque verba quin et παραπληρομματικὰ seu repletiva transtulit, quae, ut refert Moscopulus, μέτρον ἢ κόσμου ἕνεκεν παραλαμβάνονται. Quae videlicet metri vel ornatus gratia a Graecis quidem accipiuntur, apud Latinos vero supervacanea esse omnibus qui similes traductiones viderint satis exploratum habetur, quaeque quendam etiam auribus strepitum solent efficere atque sensus quandoque prope inextricabiles vel difficiles reddere, qui tamen apud Graecos clari, luculenti ac dilucidi perspiciuntur. Prodest tamen hac tempestate talis tamque severa trallatio his qui graecis insudare decernunt, quandoquidem magis illorum utilitatis esse quibus traducitur quam eorum qui traducunt censeo, quippe qui traducendo nulla prorsus nec voluptate nec delectatione fruuntur, sed labore et molestia...., tamen amicis obtemperare et publicae scolasticorum neotericorum quidem utilitati consulere quam mihi ipse malebam.

Veruntamem ubi primum litteris quibusdam patriis tertio nonas decembres te desyderare accepissem, mihi visum fuit longe congruentius illos graecanicos loquendi modos, qui saltem vix latiali sermone tolerari potuissent vel qui duriusculi forent, aliquatenus variare permutareque, nec unicum tantum verum plures ac vetustos codices imitatus.... Quin et non parum quidem hi possent proficere et sine praeceptore qui graecarum litterarum studiosi essent quique haec latina graecis conjungerent, modo prius aliquantulum et pauxillum quidem illa παραπληρομματικὰ, ac constructiones graecas didicissent, quod facillimum profecto unicuique foret, qui grammaticis graecis paulisper operam navasset.... Non dissentaneum mihi apparuit.... opusculum illud quanquam illimatum adhuc, nec undequaque tersum, nec politum tibi committere, quoniam judicio ac censurae egregii praeceptoris tui Francisci de Mollinis alias concinniora emunctioraque pollicendo submitto. Quae si Minervam tuam lubenter acceptasse, et acceptanter tractare et tractando libare accepero, expecta brevi alia quae forte maturiora gustui tuo videbuntur. Sunt enim hac primitiae nostrae quas tibi dicamus, ne saltem abortum fecisse videamur ; prioribus etenim partus posteriores maturiores foecundioresque multo esse solent, tanti tamen erunt, quanti illa estimabis. Vale, princeps foelicissime. Ex Bononia, calendis aprilis. (1)

II

LETTRE DE MICHEL HUMMELBERG A BRUNO AMERBACH.

(BIBLIOTHÈQUE DE L'UNIVERSITÉ DE BALE, G. II, 29.)

Magistro Brunoni Amerbachio Basiliensi amico opt. max., εὖ πράττειν.

Ad te scribo, suavissime Bruno, ne immemorem tui credas. Fran. Tissardus Ambacaeus, communis grecanice literature preceptor noster, Hebraicam grammaticam impressioni mandavit propediem publicitus auspicaturus. Hoc opus, hic labor erit ab homine multiscio Hebreorum exantlare mysteria. Stapulensis Psalterium iamiam impressoribus commissum est ; nescio quid majus hoc nascitur psalterio. Cyrillus absolutus

(1) Ce document se trouve à la « Bibliothèque nationale, ms. latin 7884. Exemplaire de dédicace, aux armes de François, duc de Valois et comte d'Angoulême, depuis François Iᵉʳ. Ce volume composé de 107 feuillets de parchemin, mesurant 265 millimètres sur 195, est recouvert de velours et provient de l'ancienne bibliothèque de Fontainebleau. Il contient la traduction latine par François Tissard de trois tragédies d'Euripide : *Médée, Hippolyte* et *Alceste,* précédées d'une épître dédicatoire et d'une prière à la Vierge en grec et en latin. » (H. Omont. *Essai sur les débuts de la typographie grecque à Paris,* Paris, 1892, p. 64). Dans ce même ouvrage est reproduit le texte de cette préface manuscrite, *eod. loc.* Cf. aussi le travail déjà signalé de M. de Nolhac, *Le premier travail français sur Euripide,* dans les *Mélanges Weil,* 1898, p. 299. M. de Nolhac croit que l'écriture du manuscrit est de main française et qu'on suppose sans invraisemblance que ce volume a été exécuté en France au retour de l'auteur.

est. Divini nostri numeri adhuc pulverulentis sub chartis latent;
iugem tamen operam dabo quo sub lucem aliquando emergant,
jamque emerssissent si exscribendo in opere apud Parrhisios
diutius Stapulea familiaritate conversationeque fuisses usus.
Spero tamen te ad nos aliquando rediturum. Queruntur (?) (ut
phama volat) amantissimus noster Ioannes Ilessius Friburgen-
sis cum domino suo Ioanne de Storin. Ioannes Constantinus (1)
pridie nonis ianuariis huc se apulit. Vale, musice ex marmita.
5 idus Ianuarii. Anno τοῦ σωτῆρος 1508 ad calculum gallica-
num.

MICHAEL HUMEL-
BERG R. (2)

III

(Documents imprimés)

PRÉFACE DE FR. TISSARD AU LIBER GNOMAGYRICUS
(12 août 1507).

*Franciscus Tissardus Ambacaeus omnibus benevolentissimis,
studiosissimis, et litterarum cum latinarum amantissimis, tum
graecarum cupientissimis, salutem.*

Nemini dubium est, juvenes modestissimi, adolescentes be-
nevolentissimi (hos enim compello, hos praesertim alloquor),
quanti sit latinis eruditio graeca tum praecipue hac tempestate
aestimanda, non provectis solum et doctrina et latiali eloquen-
tia, alioquin Tullio caeterisque et oratoribus et philosophis et
medicis, caeterarumque artium hujuscemodi ac disciplinarum
cupientissimis celebratissima, verum etiam vobis paulatim
serpere ad summa latinitatis fastigia nitentibus. Quam grave

(1) « Le papier maculé rend douteuse la lecture de ces deux mots. Je retrouve
le second par une lettre de ce personnage de la même année 1508 adressée à
Bruno Amerbach dans le même volume. » P. DE NOLHAC.

(2) « Il y a dans ce manuscrit de Bâle, G. II, 29, 8 lettres d'Hummerberg à
Bruno Amerbach et une autre de son frère Gabriel, « *artium et medicinae
doctor* », adressée en 1518 à J. Froben et Math. Schurer. La plus ancienne est
celle qui est reproduite ici. Une autre lettre de Michel Hummerberg à Froben,
prid. id. mart. 1518, Ravenspurgii, est dans un autre volume (G. II, 33).
Elle est fort curieuse et mentionne expressément un récent voyage de l'auteur
à Rome. Ces lettres sont inédites et n'ont pas été connues d'Horawitz. » P. DE N.

enim quantumque molestum graeca passim conspersa eorum insciis non in soluta modo ac oratione pedestri nescire, neque hystoricis in libris, neque in caeteris oratoriis, et ne in epistalticis quidem ac missoriis epistolis, quarum usus ubique frequentissimus, sed in poeticis figmentis quorum rivuli ex graeco fonte emanarunt, quorum origo ex graeco stirpe propagata est, quorumque vis ac energeia quanta sit quamque magna ac vehemens nemo est qui apprehendat, nemo est qui concipiat, quique animus, quae mens, qui intellectus, quae sententia eorum qui tam acute, tam ingeniose, ac perspicaciter derivavere, vix ullo quovis pacto (ni graecae aurigentur disciplinae veluti preduces) poteris unquam dispicere, tot namque offendicula, tot impedimenta, quae te remorentur invenies, ut vix te illis expedire queas, adeo in illis implicitus, adeo involutus, graecis non explicantibus, interdum existes. Nec mediocriter eruditi solum cum inter legendum nonnulla praecernunt vocabula, origine quidem graeca, conversione vero derivationeque latina, aut graecas aliquorum significantias, graecasve aliorum inflexiones aegre molesteque ferunt non intelligentes, ipsique arduum veluti in praecipitium continuo feruntur. Sed etiam litteratioribus, cum graviores sententias casu latinis insertas (hisce tamen non antehac vel paululum imbutis) attingant, non difficultati ac molestiae esse non potest, quo ei majora hi ac difficiliora aggrediuntur, siquidem obviam se forte praebeant talibus (quam plurima ac prope infinita passim comperies) graeca poscentibus ac desyderantibus, quis asperiorem durioremque minaturos ruinam dubitabit, eoque haesitantiores dubiosque magis, ac magis ambiguos, quam sint juniores ac ingenio tenelli ? qui quod non plura in sua primaeva aetate noverunt in paucis adhuc dubitavere, etenim lapsum esse ut maturiores, tam facilem haud suspicantur. Utrisque itaque, alteris quidem quod saepenumero nutent ac vacillent graecorum inscitia, alteris vero litteris bonis praeditis caeterisque praestantibus quod nonnunquam idque saepius veluti ancipites gradum sistant atque ambigui, summa ope conari licet ad eaque aspirare, qui enim cum sint sententiae graecae latinis taliter promiscuae una neglecta aspernataque possunt caeterae postmodum intelligi ? quomodo quis dictorum argutiam nonnunquam ob aliorum vocabulorum proprietatem, nonnunquam ob aliorum allusionem graecis spretis contemptisque accipiet ?

quorum pluscula in praesentiarum memorare possem ni epistolae prolixitas vetaret, ni epistolari modo consuetudineque
urgerer, ne ipso quidem libello appendiculum multo majus
appositum ire viderer. Sat preterea mihi constat vos omnis
hujusce haudquaquam ignaros quid videlicet lingua graeca
conferat, quidque utilitatis afferat, quid frugi ac commoditatis,
et demum quam sit necessaria. Eapropter incudi impresso-
riaeque arti nonnulla graeca ea quamlibet minima, immo vero
tametsi paucula, maxima tamen scituque dignissima reddi
curavi, magno quidem labore, majore vero anxietate, cum
incussorum sibi hoc munus, hanc provinciam assumere vellet
nemo, nullus non id laboris subterfugeret, et quilibet denique
sumptibus parceret. His itaque anxius quod via nobis ita foret
preclusa, iter preruptum, quorsum rationis ducerer, qua eos
ratione cierem, moverem, et ita demum persuaderem me latuit.
Characteres praeterea graecos nobis hactenus defuisse vidi, ad
eorum quoque aliquot sculpendos et postmodum liquefaciendos
et denique ad eos impressioni aptandos tradendosque magnis,
ut aiebant, sumptibus (quibus astipulatus sum perfacile) magnis
expensis opus esse, ad haec ea non intelligere, ne legere quidem,
ejusque insolentes fateri, item quibusquam se intromittere
quorum non pateat exitus imprudentis esse. Unum postremo
est quod me mollen, quod me fractum, ac denique magis
anxium reddidit, quod vires, ingenium superioribus illis rationibus debilitatum ac deficiens fere consternavit succumbereque
prope coegit. Quandoquidem simul ac pluribus rationibus variis
ac diversis, et honore, et fama, et gloria, et tum maxime utilitate
non scholasticae pubis solum, reique publicae, sed etiam suo
proprio ac emolumento peculiari, omni difficultate sublata ac
demolita, eos incitassem, incendissem, ad id laboris induxi, ut
operam suam omnem, omnem denique industriam, ac quicquid
opum ac facultatum haberent publicae utilitati consulturi
praebere pollicerentur, accentus tum deficere, abbreviationibus
eos carere animadverti. O poenuriam miseram, o iniquam
commiserendamque rerum angustiam, heu, quo dolore percellor,
quo conficior. Hei, egestati perversae quae me jam ob utilitatem
rei publicae susultantem ex maxima hilaritate maximoque
gaudio in maximam tam subito moestitiam pervertisti, quae
me veluti a carceribus ad scopon fere jam decursum retro
veluti pilam tam subito retorsisti, quodque vix difficulterque

ab impressoribus tandem conquisiveram resolvisti perfacile. His tamen neque supersedere profecto, neque desistere tantisper decrevi, omnibus primum rebus jacienda esse principia ratus, quibus postmodum haud difficile est supperadi, dum eis iterum persuasionem moliri queam nitique exorare. Qui paulisper tametsi subdifficiles in primis quod vix illa veluti inculta venirent, vixque quod forte sordida viliaque a plaerisque putarentur exponerent expedirentque, eoque in magnum dispendium magnamque jacturam incursum irent, atqui persuasi tandem iterum atque iterum exorati assensum suum perquam optate prestitere, aliquot quoque accentuum ac diphthongorum tandem invenere, quod illis quoque recepi vos omnis vestrumque singulos aere tam parvo, non auri libra, non argenti, ne aureo quidem, sed pecuniolis modicis ac minutis comparaturos esse, ne etiam juvenes ac adolescentulos solum, prima vixdum elementa exorsos haudquaquam adhuc accentibus indigentis, tenuique ac curta saltem nummularia supellectili suffultos, qua eis nefas pluris majoraque ac cariora comparare, quod et ob impensas peringentes in illis voluminibus nimiam in crassitudinem excrescentibus, et in eorum trajectione ultramontana, operae precium est veneant quamplurimi. Verum etiam peritiores nec graecis minus quam latinis mercaturos aucturosque spopondi, tametsi aliunde undecunque curare possunt trajici, quippe qui utilitati praesunt publicae, huicque quam maximopere student, eoque magis optabunt emere quo nummatiores quidem existant, ut aliis emptionem magis excitent, magis atque magis incendant. Comparate itaque vobis, comparate (inquam) hoc opusculum aureis septem sapientum dictis, aliisque Pythagorae redimitum, non tamen nummis iccirco aureis, sed precio tantillo, adeo ut marsupia vestra ne pauxillum quidem depraegnascant, adeo ut ne etiam minimum detumescant. Quandoquidem his admodum si exinde lucellum quamlibet modicum aucupari sentiant, majora impressores cudere proculdulbio urgebitis, voculationum signa prosodiasque seu accentus omnes ad unguem propediem restituere, pariter ac omnis dictionum abbreviationes, omnis diphthongos improprias, atque eam ipsam demum linguam graecam veluti omnium scientiarum, omniumque artium liberalium, ac disciplinarum obsidem vobis tradere compelletis. Valete. [1]

(1) Cf. Henry Omont, *Essai*, p. 39.

IV

Postface DE TISSARD AU *Liber Gnomagyricus*
(12 août 1507.)

*Francisci Tissardi Ambacaei ad clarissimum ac studiosissimum
scholasticorum Parrhisiensium coetum paraclesis.*

Praestaturus operam, egregii juvenes, studiosissimi adolescentes, quo nobis obstrusa lingua graeca diu ad haec usque
tempora, ex sacro tandem musarum penu depromeretur, nihil
congruentius, nihil convenientius, nihil denique toti Parrhisio
et demum toti Gallicano coetui scholastico decentius ac optatius
duxi, quam libellum cum brevem imprimis ac succinctum, tum
sententiis et catholicis et undequaque divinis septem Sapientum,
videlicet Pythagorae, Phocylidis, pariter ac Erythraeae sibyllae
refertum, ornatum atque caeteris omnino poeticis figmentis
praefulgentem impressioni tradere, uti juvenes pueri quoque
imprimis id graecorum degustent, quod eorum gestus, vitam,
mores decoret, perpoliat. exornet. Quandoquidem quod primum
ex graecis Naiadum fluentis imbiberit, saporem illum vix
exiccare corrumpereve, non dicam lethaeos Stygis torrentes, sed
caeteros aliquatenus delicatos arbitror posse. Scilicet ecquod
studium, ecquae exercitatio jactis ante fundamentis in hisce
documentis, in hisque firme stabiliterque constitutis, vitam
talliter illis institutam temerare violareque poterit ? Nisi qui
forte invidia aut torpore correpti, hae praeclara monimenta,
exhortationesque, ac ad bene beateque vivendum precepta
aspernentur, contemnant. Qui simul atque eis obvincti erunt
detentique, viciorum profluvio submergantur extemplo necessum est, ab eis ipsis quoque veluti abs torpedine pisces soporati, devorentur. Caeterum eorum ullum, vestrum fore neminem
censeo, utpote qui video vos adeo benevolos, vos adeo alacres
conspicio, ut nihil sit quod me horum quicquam in humanitatibus vestris, in benivolentiis vestris esse, reri commoveat, ne
suspicari quidem, atquin ea vestra benivolentia, ea vestra
alacritate (quam prae vobis fertis) plurimum suscitor, plurimum
incendor ac impellor, quo majora posthac et Homerum ipsum
tandem per librorum saltem sectionem, Graecorum ipsorum

delicias ac gloriam, tradiderimus. Quid plura ? Ethica tandem, politica, oeconomica et alia tanti viri tamque excellentis philosophi, et caeterorum divinorum magis quam humanorum ingeniorum monumenta. Adeste ergo unanimes, favete aequanimiter, ea hercle jam licet apud nos habere, et vili medius fidius mercede, quae tanta tamque longinqua peragratione, ac iniqua transfretatione maris, tanta pecuniarum exhaustione, tot sumptibus ac expensis consequi operae precium fuit. Sed quid ultra ? Qui subticeam id (quo nos omnis simul cum patria inurunt) improperii, dum in Gallos ii ipsi excandescant Itali ? Quid (inquiunt), barbari in nos arma defertis ? Speratisne usquequaque hac in tam celebri, tam diserta, tam eleganti patria dominari ? Hic barbari incultique, leves, superbi atque arrogantes, apud Latinos adeo tersos cultosque, adeo constantes, adeo modestos, humanos ac benevolos amicis quidem, inimicis vero et severissimos et trucissimos, hic inquam apud nos speratis habitare? Penes nos licere volumus ? Hicque ad nos opes vestras divitiasque ex nationibus illis ultramontanis asportare, quibus nullus est litterarum humanarum neque latinarum neque graecarum usus. Valeant autem cum suis sophismatibus ; valeant bonarum litterarum ignari, νήπιοι, vesani, qui livore oculos obducti (hi enim sunt qui obloquuntur) non qui prae eorum oculis existunt, vident. Noruntne quamdudum prerepta est illis clava et oblatum est illis jugum ? Noruntne quam Parrhisiorum universitas sit in litteris florentissima ? Quod et plerique ipsorummet Italorum prudentes plane ac doctrina experientiaque praediti haud inficiandum putavere, nobis tamen litteras graecas deesse audenter asseverant. Ecce, in hoc dumtaxat Gallos gloriantur superare. Jamjam tamen via patet, qua nos illorum manibus palmam subducamus, cui facilis mox propeque (si vultis) adest exitus. Collaboremus ergo, alter alterum coadjuvet, alter alterius adsit auxilio. Et ita demum hisce praelibatis principiis suo quisquis vestrum studio ac exercitio, Graecorum gymnasium et veluti Athenarum academiam exaugebit, usque adeo ut et litteris latinis et graecis Itali facile succumbant, et Gallis denique cedant. (1)

(1) Cf. Henry Omont, *Essai*, p. 42-43.

Francisci Tissardi Ambacaei dialogus
Iambicis partim, partim elegiacis.

ACROZETA

Quo ? quisquis es liber, vetatur progressus.
Sistas gradum, ad sacra ire nefas pannoso.
I nunc, fuge, inquam ; ah, non fugis, locus poene est
Facesse, neu plagis acerbe expungaris.

GNOMAGYRICUS.

Quisnam in palladios musis vetat ire penates ?
    Quique lycambea vellicat invidia ?
Pieriis vestras musis nunc missus in oras
    Liber eo ? gremium praestitit Italia.

ACROZETA.

Manco vel inculto ? recepit amplexu
(Scio) sed ullis haud egentem ornamentis.

GNOMA [GYRICUS].

Atqui primaevis (ut spectas) cepit in annis,
    Incomptoque suos credidit ille sinus.
Ast ut honoratum Iovis hinc videre Puellae,
    Reddere et immensis praemia divitiis,
Hae simul ac Charites peplis venere paratum,
    Quoque magis veneror, me coluere magis.
Me quoque si precio et dulci efferretis honore,
    Quae restant subito caetera culta forent.

METICRATES

Mitte intro ut spectet, sine sacra in templa venire.
    Graecus es ? I, Graecis gloriam, opesque ferunt.

[Ici une épigramme grecque dont la traduction latine suit :]
Ejusdem salutationis in latinum trallatio
Illicet ipse quoque ingredior, salvete colentes,
    Vos salvete, pias supplice ture deas.
Tu tamen ante alios salve, o meus inclyte princeps
    Angolisme, chori signifer Aonii,
Doctaque quem gremio redolenti Pallas ephebum
    Fovit odoriferis praepositura sacris.

Sisque Tholosanus fautor, qui numina servas
Musarum, et votis ambo favete meis,

V

PRÉFACE DE FR. TISSARD A LA *Batrachomyomachie*
(18 septembre 1507).

*Franciscus Tissardus Ambacaeus spectatissimo ac observan-
tissimo domino Joanni Aureliano, archiepiscopo Tholosano et
bonarum litterarum studiosissimo s.*

Cum te studiosum non mediocriter litterarum graecarum,
antistes spectatissime, non minus quidem quam latinarum,
esse cognoverim, non te posthabendum duxi, qui sciam quam
excellenti polleas ingenio, quamque flagranti studiorum capes-
sendorum capiaris desiderio. Ad haec his te vigilantem curam
ac sollicitam operam nanciscendis adhibere, eoque in animo
fuit aliquod opusculum tibi graecum dicare, quo possis animum
tuum nonnunquam post juges ac diuturnos labores (simul ac
id semel intellexeris) recreare. Quod tametsi exiguum ac
pusillum est, ex magno tamen ac praestanti emanavit ingenio...
[Suit un éloge d'Homère et de la Batrachomyomachie]... Nihil
itaque gratius, nihil juvenibus optabilius, post sententias illas
quas dudum nosti et morales et undequaque divinas impressioni dare excogitavi. Tu vero prae oculis meis, ad quem
dirigerem, id tantulum continuo versatus es, cujus studium
saepius multum ac diu in animo versavi, id visitatione quadam
frequenti praecognoscens. Itaque, ut aliquod tui studii munus
ac officium subeam atque exercitii, hanc Homeri Vatrachomyo-
machiam tibi destinavi, quo te inter ociandum nonnunquam
delectet, quin delectet enim non vereor, huic si indulseris, sed
indulgeas quaeso, et eam intense atque hilari vultu (si lubet)
amplexeris. Eumque ama, qui te hoc libello salutat ; quem si
amaveris, majora tibi in posterum pollicetur. Vale fœliciter.
Parrhisiis, octavo idus septembres.

[Ici une épigramme grecque dont la traduction latine suit :]

______

(1) Cf. Henry Omont, *Essai*, p. 43-45.

TRALLATIO.

Francisci Tissardi Ambacaei hymnus in Musas, Apollinemque et archiepiscopum Tholosanum.

Ordior a Musis, et Apolline, et ab Jove summo,
. Coelestes etenim Musae, Phoebusque poetas
Desuper instituunt divos, citharaque canentes.
At Jove procedunt reges. Sed quisque beatus,
Quem coluere deae, suavi nam vox fluit ore.
Quodque Tolosanum prospexit Juppiter, archon
Praefecit sacris. Sed Apollo pectine lusus,
Argutaeque suas Musae docuere camoenas,
Usque adeo latia ut plene moduletur avena.
Juppiter at salve, tandem annue me quoque faustum.
Vos salvete deae, cantusque probetis, at effer
Tu me suaviloquum Deli, citharamque sonoram.

Petrus Tissardus ad fratrem.

En tibi summus honos, sublimis gloria, laudes
  Immensae, et patrium te petit omne decus.
Te duce si Gallis palam opuscula graeca legantur,
  Perdita ne patriæ littera sit Danaae.

Franciscus Tissardus.

Frater es, et fratris non parva est suasio, sed quid ?
  Meque Tolosanus suscitat et patria. (1)

VI

PRÉFACE DE TISSARD A L'ÉDITION D'HÉSIODE
(28 octobre 1507.)

Franciscus Tissardus Ambacaeus Joanni Moreleto Musaeo, serenissimi ac christianissimi Galliarum regis secretario meritissimo et amicorum charissimo, s.

Graviter et iniquo animo ferrem, mi Morelete, non modo si te perpetuo prætermitterem immunem, sed etiam et si nunc

(1) Cf. Henry Omont, *Essai*, p. 45-46.

quantum te amem conticerem, et aliquo haud te munusculo
impresentiarum donarem, quatinus is sis qui musas ames, et
ab eis mutuo redameris, is sis qui eas colas ac venereris,
tu quoque ab his orneris ac expoliaris. Quid ? quod ad earum
aedes, et penitissimos penates, tam prestanti ac toleranti
animo convolaveris, easque diu illic captaveris frequenti
studio, assidua cura, ac industria, affabiles conciliando ac
benignas, Patavium novit. Quid Patavium ? tota plane Italia,
atqui sacrarum totius Italiae musarum aedes, templa quaeque
celebratissima te noverunt, nec minus (rideas quum velis) ob
tuam antiquam assiduamque versationem cognoscent. Itaque
vides quem exinde fructum consequeris ? quanta voluptate,
quibus illecebris et deliciis frueris ? qui non memorem propter
ceteras omnes (quae infinitae prope sunt) insignes literarias
voluptates, tuam vitam adeo bene, adeo recte ab eisdem musis
institutam ? Quis adeo concinnam, adeo tranquillam ac hones-
tam impense non laudet ac probet, is modo sani ac recti iudicij,
eamque denique beatam non putaverit ? Tu namque **expers**
conjugii, es ab ira ac seditione muliebri veluti procellosis **agita**-
tionibus exclusus. Te tua non infestat uxor, cum agamus sis et
a conjuge vacuus quae te fastidiat, quae te assidua ut caeterae
prope omnes suos queque maritos, afficiat molestia. Perpulcre
(aedepol) nosti quam excultus fuerit quamque a Diana decoratus
Thesides ille Amazonius ob talem vitam in literis ac coelibatu
ornatissime institutam. Veruntamen nec alteram utpote **quae**
matrimonii sit honesta ac probata, inficiari velim coelitus **fuisse**
decretam, quippe cum ad humani generis propagationem fuerit
sanxita, sed neque me praeterit nemini viro taliter vitam **esse**
traducendam necessario esse indictum. Prosit eo pacto **quo**
velit sinas rei publicae, quo et rusticis prodesse licet, **nec eo**
progrediaris quam cuique adeo incerta via ac periculosa **foret**
ut non temere non modo tibi sed et cuiquam sibi timeat
amplectenda esset. Si quidem cui bona, frugi ac **prudens**
(cujusmodi generis mulieres paulo rariores sunt) quaepiam
consors fuerit, unanimiter, conjuncte, fœlix aevum eum **conse**-
cuturum non ambigo ; sin vero nequam ac improbam et **sontis**
ac perversae mentis duxeris, te difficillimo in agone **atque**
asperrimo situm, cruci affixum et perpetuis suppliciis ac
tormentis addictum existimes. Tu itaque musarum (ut **hactenus**
fuisti) adhuc assecla fias et vitam tibi procul dubio **certam ac**

jucundam (ut nosti) concedent et viros tibi probos, eruditos ac disertos usquequaque, ut antehac, conciliabunt semper quibuscum ac cum eis ipsis aeque pro tuarum curarum levamine verseris. At vero ut et aliquatenus nunc quoque itidem delecteris, partibus meis ac amici officio functus, aliquod opusculum (quod tibi fore gratum autumo, cum quod literis compositum, quae sunt admodum tibi gratae ac peculiares, tum quod Parrhisiis iis primis Graecis Galliarum characteribus impressum est) nomini tuo dicare sedit in animo. Quod Hesiodi est, ne antiquitate quidem minus, quam auctoritate percelebre, cujus etsi fama satis superque apud Graecos claruerit, ob ejus et uberantem doctrinam et prestantem eruditionem, usque adeo ut ad Latinos demum, Virgilio buccinatore insigni, pervolarit, nihilominus tamen tua aura propicia, ac fœlici, palam in Galliarum lucem ex profundissimis tenebris (quod nusquam Galliarum hactènus impressum fuerat) prodire spero, et uberrimam ac florentissimam secum mercedem Gallis afferre. Enimvero quam frugi ac delectabile hoc Ascraei operum ac dierum opus suis praeceptis Persae fratri destinatis fuerit, apprime nosti. Quae caeteri quoque postmodum, illo paulisper agnito, facile praecipient. Tibi ergo ea omnia quantum cuique afferent utilitatis ascribat velim, quae tui causa nunc impressioni mandare et nomini inscribere decrevi. Vale fœliciter et me (ut soles) ama. (1)

VII

PRÉFACE DE FR. TISSARD A LA GRAMMAIRE DE CHRYSOLORAS
(1er décembre 1507.)

Franciscus Tissardus Ambacaeus spectatissimo ac observandissimo domino Joanni Aureliano, archiepiscopo Tholosano, et bonarum literarum studiosissimo, s.

Profuturus mea opinione ac judicio non parum rei publicae litterariae, Reverende atque ornatissime Praesul, te prae oculis horum veluti laborum meorum scopon, habere duxi, ut neque sis nescius quo te amore amplexer, quanta te veneratione colam atque observem, neque ignorent studiosissimi quique literarum

(1) Cf. Henry Omont, *Essai*, etc., p. 47.

graecarum, horum te (quae paulo universis fere, hisce in
partibus hactenus occultiora extitere, mox vero apertissima ac
vulgatissima sperem esse futura) non modo fore participem,
cum clarissimo tuo ac observandissimo nomini dicem haec (te
auspicatissimo duce) audenter ac libere palam emersura. Verum
etiam apprime norint te potissimum in causa fuisse cur graecam
hanc grammaticam adeo mature impressioni atque instantis-
sime commendarim. Eoque quantum in ea quisque proficiet,
aut suo labore, sua industria, suis propriis ac domesticis studiis
hac numerosa jam librorum copia, qua mediocriter quisque
eruditus e vadis enatare, et (ut ita dicam) graecae scopulos
inscitiae praetervehi possit, aut quantum publicis in lectionibus
feret utilitatis, quas extemplo dexteris avibus et fausto fœlicique
auspicio simus auspicaturi, et Deo duce adusque calcem hanc
Chrysolorae grammaticam deducturi, tantum profecto se ipse
tibi debere fateatur, et tantum denique habeat gratiarum.
Enim vero quam eruditionem latinam quaeque tam carminum
quam solutae orationis contextum calleres, satis habebam
compertum. Posthac vero graecae traditionis ac disciplinae
cupientissimum animadverti, cumque sententiis te septem
Sapientum, Pythagorae, Phocylidae, ac sibyllae Erythraeae,
paulo ante impressis mirum in modum delectatum et veluti
gestientem nimirum illis praeclarissimis atque observandissimis
a quoque, documentis, et a plerisque acciperem ad aures susur-
rantibus, et hisce meis oculis viderem. Porro fuit illico in animo
aliquo te pusillo in primis, sed concinno tamen et terso atque
eleganti munere Homerico donare. Quod post ubi jam tradidis-
sem, quam bene, quamque urbaniter acceptasses, et qualis
esset libellus, cujasnam, et a cujus tam praestanti ac excellenti
defluxisset ingenio, ad haec immensum erga te meum amorem
atque observantiam maximam mecum repetivi saepius, haecque
invicem omnia identidem contuli comparavique. Libellum
quidem eis ipsis (quas supra dixi) rationibus maximum, maximam tuam erga eum genuinam benevolentiam, meum erga te
amorem atque observantiam maximam, et omnia denique
maxima esse censui. Nihilominus tamen nec animus meus hisce
contentus fuit, qui alia te desiderare conjecit ; utpote quia studiorum cupientissimus sis, non sat fuit tibi vocabulorum significa-
tum et deinde sententiarum intellectum ediscere, nisi rationem
congrui ab incongruo (quod non sine grammatica profecto

aliquatenus fieret unquam) reddere didiceris. Ob idque a multis ordinis praeposteri plerumque insimulatum me fuisse non ambigem, nec tamen eorum morsus insultusve, malorum quidem et invidia et veluti rabie correptorum (si qui sunt) ii etenin esse his regionibus, hac tempestate (cujus tamen me piget nimis, horum enim tunc laborum, multis hanc provinciam sibi assumentibus, esset mihi perfacile subterfugio locus) non multi queunt, nisi rationem pretergrediantur invidiae, quam quis parturiens fœtus in ejusdem ut plurimum studii emulum mittit, et veluti in hostis perniciem, quae sua magis est, producit, neutiquam reformidem. Quibus conticentia suae vicem garrulitatis ac loquacitatis vaniloquae sustineat velim, at vero bonorum, qui bono videlicet animo ac recto (ut putant) judicio ducuntur, non modo non aegre ac moleste, sed leviter fero. Quorum partim sunt, qui graecarum litterarum cupiditate ac flagrantia adeo rapiuntur, adeo feruntur, ut totam disciplinam graecam uno (ut ita dicam) gentaculo vorare, uno haustu exorbere, desiderent, idque posse arbitrentur. Partim vero eorum sunt (quorum turba est frequentior, et maxime quidem praecipua), qui veluti trepidantem formidolosi pontem super Sublicium et prope lapsum minitantem trementes, et pedetentim sine sude vel conto (cui innitantur) incedentes, decempedam seu baculum (cui ceu duci adhaereant) poscunt, quo firmiores jaciant pedes, juxtaque hi grammaticam, neu vacillantes ac nutabundi per ignotiora procedant, imprimis desiderant, efflagitant, ut quoscum quaepiam difficultates subeant, ii ad eam suam tanquam subsidiariam auxiliariamque recurrant. Tu vero meas partes tuearis rogo, obsecro atque obtestor (cui nedum hunc dico libellum, quin etiam memet ipsum addico) ne meam mihi famam, meum nomen invideant, deprecentur. Priores enim (quos supra memoravi) videant ne appetitu suo, et improbo quidem ac nimis flagranti areant, ac exiccentur, facileque deficiant. Plane haud equidem diutius existimo duratura, flagrantius ardentiusque coepta. Quod si perstanter ipsi perseverarint constantes, qui propediem docti eruditique Graeci evadant, in dubium non revoco. Non ob hoc tamen (tametsi eorum est ingenium facile capax, atque animus eorum ardentissimus, et his denique sese intentissimos assidue fore spondeant) omnia, quae et nos itidem cuperemus, simul impressioni posse tradi putent. Verum neque memorati posterius (qui nos grammaticam inprimis et prae cacleris curare debuisse aiunt, et prima prius esse jacienda fundamenta, quam liceat super aedificari, grammaticam vero litterariae cujusvis disciplinae esse fundamentum) non satis, hercle, perspicaces ac experti fucre, nescii fortasse ita me ex composito fecisse. Satis enim cuique constat grammaticam esse ceu rubricam, aut amussim ac regulam vocabulorum atque sentontiarum, uniformiler exquisitissima queque singula ad invicem concinnantem. At vero prius aliqua vocabula ac sententias in medium afferre decere, quae regulis posthae grammaticalibus veniant dirigendae, quam grammaticam multo post forte sontentiis exercendam, cujus cum finis incongrua reformandi, congrua vero assciscendi sit ac approbandi, frustra primum in lucem prodiisset, cui se rei accommodaret non habens. Ubi autem operam litteraturae graccae navantes, latinam saltem incalluerint, cum nostris queant interpretalionibus queque graeca ad tempus per latina dignoscere, non debuit haec tantula ac tam modica illis, neque dura, neque molesta ac difficilis expectatio videri. Item nec ea que in grammaticalibus continentur adeo placitura, ut haec nostra prius impressa, rebar, cum vocabulorum voluptate, latinis varia ac multiplicia (ut saepius vidimus) figurantium, tum sententiarum adeo egregiarum ac insignium, adeo delicatarum ac suavium, ut ad id plerosque (quod rei publicae gratia poscebam) facile pellexerint, idque nunc vehementer expetant ac desiderent, quod antea forte neglexissent respuissentque. Insuper quorsum hic noster labor verteretur inprimis ignorabam, quo fit ut a levioribus et concisioribus, atque magis exiguis capessendum iter esse censerem, cum accentibus primum universis (dum graeca impressioni demandare coepimus) careremus. Paulo tamen fœlicius, quam sperarem ante ipsius quoque primi libelli exorsa, successit, quod Deus in posterum secundet atque in meliora vertat. Haec itaque sunt, antistes observandissime, quibus et aliis rationibus, his longe melioribus, et auctoritate tua me tutari queas, et multorum maledictis eripere, cujus suffultum patrociniis nemo hominum est qui in me audeat invehi. Et ob tuam eminentem inter caeteras auctoritatem, et hoc presertim indulto (quod abs te imprimis norint accepisse, quo hanc grammaticam cum libellis paulo ante cussis conjungant) quod ad tempus adhuc pauxillum differre contendebam, suas cuique querelas extin-

gues, et eos quosque paulo facilius mitigabis. Vale, beatus ac
fœlix semper, tui nunquam Francisci immemor. Cal Octobris.

---

*Ad Archiepiscopum Tholosanum Francisci Tissardi
Ambacaei epigramma.*

Fœlix, perpetuos ades huc memorandus in annos,
    Atque operis fido pectore munus habe.
Fonte labella potes jamjam mersare profundo
    Pieridum, hoc studiis utile fassus opus.
Namque vias nulla ducens ambage patentis
    Extollet, gemino te comitante duce.
Lugdunus latios plane ut devexit in agros,
    Trans apices posthac Phocidos arte vehct.
Alnetusque sacris fragrantia tura docebit
    Fundere, pacifico numina rite colens.
Postremo Elysios facile est tibi visere campos
    Et praestare choris gnaviter hymnisonis.

Ejusdem ad dominum Oliverium Lugdunum distichon.

Doctus es, et doctos peto, quodque latinus haberis
    Et quod graecus, amo, vel quod uterque, colo.

Charolus Rousseus ad lectorem tetrastichon. (1)

Primus Parrhisia Graiae nova gloria linguae
    Ambacus Argivum concinit urbe melos ;
Quo duce morales sophiae amplexabere leges,
    Hoc igitur stabili pectore fige memor.

Τελοσ. (²)

---

(1) Dans le *Pomponius Méla* de Geoffroi Tory se trouve aussi un *Tetrastichon*
de Charolus Russaeus.
(2) Cf. Henry Omont, *Essai*, etc., p. 48-51.

VIII

PRÉFACE DE FR. TISSARD A SA GRAMMAIRE HÉBRAÏQUE.
(29 janvier 1508 [1509].)

*Franciscus Tissardus Ambacaeus Illustrissimo ac serenissimo
Principi Domino Francisco Valesio, Valesiorum duci et Angollismorum comiti, S.*

Sepenumero cum mecum repeterem, illustrissime ac serenis-
sime Princeps, multumque in animo versarem multos quondam
annos litteris indulsisse operamque meam omnem, tot virorum
quoque tanta. tamque praeclara ac eximia virtute, **egregia ac**
singulari eruditione ac disciplina insignitorum, **perituram, qui**
tanta sedulitate, tanta industria ac labore, eisdem me decorare
totis viribus studuerunt, ni meos ipse spiritus aliquantisper
excitarem animumque meum expergefacerem torpescentem,
simul et eosdem prope labores ab illis meis maioribus **constan-**
tissime patientissimeque toleratos in me ipsum quoque, publica
exigente utilitate, transferrem, protinus nescio qui stimuli
alicunde animum subintrare coeperint, meque huc et illuc
agitare quidque ut palam ederem percitare. Ceterum dum hos
mente animoque excutere cogitabam, tu postremo mentem (me
hercule) subire apparuisti eamque, ut aliqua reconter prodirent,
excitare vehementer. Simul ac vero quidnam tuo nomini
dicarem (quod nouum ac utile potissimum esset) paulo ante
excogitavissem, iterum mentem nuperrime visus es irrepere,
pariter ac iubere uti hoc primo tuo ad Parrhisios **accessu**
aliquid (quod tuo nomini ascriberetur) ex officina nostra foras
exiret. Quocirea omnes extemplo laxaui habenas et quid hac
tempestate in his Gallicanis oris inauditum, et in aliis forte
plerisque plagis ac regionibus non passim tritum me ipse
sciscitatus sum. Porro exquisiui confestim, accurateque inues-
tigaui. At vero nihil plane, quod tuo nomine insigni ac gloria
tua percelebri dignum foret apparebat, Ni tandem biblia hebraica
prae oculis sese ipsa forte cellula in bibliothecaria antea
recondita obtulisset ostentauissetque. Quam ubi animaduerti,
ex tempore venit in mentem viam ad illam tam antiquam (quae
nobis diu praeclusa fuit) tamque veterem paginam aperire non
inutile fore, quodque vetus erat, id nouum efficere. Et ita demum

sicuti ad graecam et cetera id genus graeca volumina tramites
in diuinum tuum honorem, et gloriam perpetuam atque immor-
talem hactenus in hac inclyta Parrhisiorum academia demons-
trauimus, nunc vero itidem ad hebraica pateant necessum est.
Usque adeo ut illas tris linguas utpote vel latina cum graecis,
vel graeca cum hebraicis conjungere, vel illa omnia in unum
liceat conuenire. Eapropter elementa in primis tradere eorumque quam commodius potui pronunciationes explicare nec non
grammaticam subinde paucissimis nec eis quidem difficilibus
enodare institui. Quibus dialogum sane ac breue quoddam
succinctumque de Judaeorum ritibus obiter eos memorando
compendium, veluti praeludia his primis rudimentis, praepo-
nere non indignum fore existimaui. Enimuero ii non passim
omnibus suos ritus nec nisi apprime familiaribus quibus dene-
gare quicquam non audeant, talia communicant. Quae ut
acciperem simul cum eorum disciplinis, ideo aliqua mihi cum
eis consuetudo fuit. Haec itaque praetexere duxi augusto tuo
nomini ac perpetuo, quanti plurimi ea feceris, tanti, pol, aestimanda dicaturus et aliqua demum graeca (quae non forte
venient a studiosis, vilipendenda) subnectere. Quantumque
eorum quisque in his posthac profecerit, eum velim exoratum
tibi tantumdem referat ascribatque, et operam denique meam
omnem omnemque laborem in te qui huius occasionem prae-
buisti, qui mihi stimulus, qui calcar fuisti, constituat ac collocet.
Ego vero te tui Francisci memorem aliquando noscam, enixe
ac suppliciter oro. Tui (inquam) Francisci memor, vale, incly-
tissime Princeps (1).

DIALOGUS

Prothumopatris et *Phronimus.*

...*Pro*... (2) Ab ineunte aetate eum [Franc. Tissardum Amba-
caeum] in primis amavi, eumque ad ocia litteraria suscitavi et
ab aliis quibusque (ut potui) semper diverti. Egi itaque ad
Parrhisios primum ex Ambacis eum comitatus, ubi et litteris

(1) Fol. 1 v° — 2 v°.
(2) Fol. 8 v°.

humanis porro et dialecticis insudavit, forte et alsit nonnunquam, deinde Aureliam, ubi pontificum institutis simul ac
imperatorum imbui eum contendebam. Sed ubi primum eum
qui voluptates Aurelianas prius ad ea tempora despexerat,...
eum (inquam), ubi illa paulatim immatura prae aetate juvenili
ea quae naturam oblectent gliscentem subolfacere intellexi,
continuo ad tertium (si memini) septembrem agentem illic
vitam abigere coepi, eumque velut ex Syrtis et Carybdis vora-
gine extemplo eripui, subduxi, nequaquam pati naufragium
tuli, verum illinc protinus in oras Italiae transalpinas eum
transvolare suscitavi. Quem Ferrariae sub Guarino Veronensi,
salva ne dixerim Philippi Beroaldi pace (quem ipse quoque
nonnunquam postea in Bononiensi auditorio succisivis horis
auscultaret persuasi), necnon et Calphurnii, Patavii publice tum
humanitatis artem, in dicendo quam maxime, profitentis, et
caeterorum aliorum virorum disertorum eloquentissimo annum
militare mihi in animo sedit juxta graeca cum latinis conjungere.
Eum enim Demetrio Spartiati Helenae quidem civi et viro tum
doctissimo, tum disertissimo, facile commisi. Postremo jura
subinde prosequeretur et pontificia et caesarea, ut in utroque
foro patriae tandem posset prodesse, institui, ubi his disciplinis
triennium degit. Qui simul ac demum Ferrariense gymnasium
pestem labefactare carceret, Felsineum vero (cui Bononia
nomen est) prae caeteris quibusque optimis florere audiret,
illuc protinus (me comite) sese contulit....

....Ad haec jureperiti multi quibus uti Gallia possit perfacile.
Ii vero pauci qui et Graecas et Hebraicas litteras docere queant.
Non ergo eas deperire nobis sinendum est, nec propterea tamen
eum volo juribus desistere, sed horis diei praecipuis et studio
magis commodis convenientibus ac congruis multum ac diu
insistere, et instanter ac totis viribus operam navare commoneo
atque hortor.... (1)

....Verumtamen iis vel humillimis (quae prima earum
linguarum sunt rudimenta) contenti, veluti quid novi Parrhisio
coetui scholastico afferentes, miris eum afficiemus oblectamen-
tis, ob graeca quidem gaudebunt, at vero ob hebraica admira-
buntur.... (2)

(1) Fol. 12.
(2) Fol. 14 vᵒ.

— 119 —

*Ad illustrissimum ac serenissimum principem Franciscum
Valesium, Valesiorum ducem et Angollismorum comitem, Francisci Tissardi Ambacaei de Judaeorum ritibus compendium* (1).

Fama tametsi levissima nuperioribus diebus....

....Caeterum aliquo te (quod non esset vulgo tritum ac passim
vulgatum) donare optabam.... Deinde graecas jamdudum
litteras (quarum primicias nostras habes) me primum apud
Gallos palam impressioni tradidisse, nuncque apud Parrhisios
vulgatas haberi, eoque nec in illis animum sistere duxi....
hebraicae quoque mentem subiere. Quibus neminem hactenus
gentium manum apposuisse in his saltem Gallicanis oris habeo
exploratum (2).

....Etenim Ferrariae pentateuchon ductili calamo eleganter,
latis quidem ac spaciosis characteribus a centum annis citra
Parrhisiis in grandi proceroque volumine scriptum in eorum
[Judaeorum] templo ac synagoga ornatissime repositum
vidi.... (3)

....Ea propter haud inconsulto a Clemente summo pontifice
erat institutum, ut in hac inclyta ac percelebri universitate
Parrhisia, sicuti vel Bononiae, quod ibi (uti accepi) habent, idque
observare coguntur, vel Oxoniae, aut in Salamentino studio
essent, qui stipendio vel regum, vel presulum in graecis,
hebra[i]cis, arabicisque ac caldaeis litteris mererentur, fidem
hanc deinceps amplius faciliusque propagaturi. Itaque, sere-
nissime princeps, hanc provinciam, tuo nomine et gratia tui
perlustrare perlubens assumpsi, ut aliquid quod cum novitate
tum utilitate sit, studioso Parrhisiorum coetui non minus quam
aliorum placiturum depromere excogitavi.... (4)

---

*Ad dominum Tissardum Ambacaeum, Iuris utriusque Docto-
rem, Graecae, Hebraicae et Latinae trium linguarum callentissimum, Petri Corderii Parrhisini* σχέδιον *et expromptuarium*
δυοδεκάστιχον.

Gallia te solo Demosthenis, atque Josephi
  Et simul Andini verba Maronis habet.

(1) Fol. 15 v°.
(2) Fol. 16.
(3) Fol. 17.
(4) Fol. 22.

Graeca tibi iam sunt communia, et ora Josephi
  Calles, Vergilij verba canora gerens.
Nempe trisulca tibi lingua est, qua trinus haberis,
  Tres quia sub solo pectore condis auos.
Id superest quo fama tibi est praestantior illis :
  Doctor es et iuris dogmata sacra capis.
Hinc tua scripta docent quantum tibi Galla iuuentus
  Debeat, hac causa gloria summa tibi est :
Quare age, dum optatis auibus, tua scripta manebunt,
  Fixa diu tenero principis ore. Vale.
        Parrhisiis. Pridie Idus Januarias
              1058 *(sic)*. (1)

---

*Ad praestantem ac eximium decretorum doctorem Parrhisium
Petrum Corderium, cum varia ac multiplici litterarum eruditione
ac doctrina, tum omnigena et virtutis et laudis decore ornatissi-
mum, amoebeum epigramma.*

Non Demosthenes, vel non (ut ais) Maro, nec sum
  Nec Josepus *(sic)* ero, falleris, unde caue.
Inuigil (esto) fui his ac iuribus, ergo supremos
  Sic referam, aut (ut ais) iura tenere putem ?
Sed tibi cum placeant haec laudas, quique sequuntur
  Par studium ; asseclas tollis ad astra viros.
Namque humana ferunt studia haec primoribus annis
  Te cepisse, hilaresque hos terruisse iocos,
Et legisse palam. At non his contentus abire
  Ad maiora animus, sic tibi cura fuit.
Iuribus indulsisse vacat qui lector in almis
  Ad sacra Parrhisiis iura statutus eras.
Perpetua hinc concessa tibi est (scio) laurea juris,
  Ipse equidem vidi, testis adesse iuuat.
Quid plura ? ad praxim tandem ventum est quod et ore
  Ingenioque vales, iste senatus habet.
Non igitur memorem ulterius, sed praebeat opto
  Gallia pro meritis munera grata tuis.
        Idibus Ianuariis. (2)

(1) Fol. 89 v°.
(2) Cf. Henry Omont, *Essai*, etc., p. 51-54.

III

Documents imprimés et manuscrits relatifs à Jérôme Aléandre.

(1480-1508)

—

I

PRÉFACE D'ALDE MANUCE A L'ÉDITION DE L'ILIADE DE 1504.

Aldus Pius Manutius Romanus Hieronymo Aleandro Motensi, S. P. D.

Si quisquam est, qui nos, quod alienos libros huic et illi pro arbitrio nostro nuncupamus, accusat, etsi cur id meo iure mihi quodam modo facere uideor, alia epistola memini scribere ut inde causam posset cognoscere, tamen et hic, si libuerit, legat et desinat maledicere. Cum enim renasci quodam modo uideantur libri summa cura, summis laboribus informati in aedibus nostris, licere mihi arbitror διὰ τὴν τοιαύτην παλιγγενεσίαν eos, cui libuerit, dedicare. Quare Homeri Iliadem Ulysseamque cum caeteris quae extant eiusdem poetae sub tuo nomine, mi Aleander, exire ex Neacademia nostra voluimus, non ut hac dicatura te ad bonarum literarum studia redderemus alacriorem, cum tibi freno magis sit opus quam calcaribus, sed ut summa benevolentia in te mea, ob divinum ingenium tuum ac plurifariam doctrinam multarumque linguarum cognitionem hac epistola omnibus innotescat. Tu enim nondum quartum et uigesimum annum agens, es humanorum studiorum utriusque linguae doctissimus nec minus hebraicam calles nuncque et Chaldeae et Arabicae tanto incumbis studio ut quinque te habentem corda breui sint homines admiraturi, nam tria, ut olim grandis de se Ennius dixit, tu hac ratione vel nunc habes, tanta praeterea linguae volubilitate uerba graeca pronuntias, tantaque aptitudine et facilitate inspiras hebraica ac si mediis Athenis mediaque Israelitarum urbe, quo stabant tempore, natus et educatus esses. Quid de nostra i. lingua dixerim ? In qua adeo praecellis ut equestri oratione lyricorum, sylvarum, epigrammatum, iambicorum, omne genus carminum iam magnos et doctos libros, pedestri uero epistolas, orationes, dialogos et pleraque alia felici stilo absolueris, quae, omnia an doctissimi cuiusque probatione digna sint, iudicabunt ii quorum propediem in manus uenerint. Omitto Musices·et Mathematicarum artium quae tibi inest, cognitionem, omitto liberalium disciplinarum omnium ipsiusque universae, ut Graeci dicunt, ἐγκυκλοπαίδειας studium, cui nunc una cum Maphaeo Leone, patritio Veneto, excellentis ingenii adolescente, bonarumque literarum perstudioso, die noctuque indissolubili amore et cura Patavii navas operam. Sed quod est omnium maxima laude dignum, es moribus ornatissimus, es christianissimus, nec imitandos ducis leuissimos quosdam qui ut excellenti nimisque delicato esse ingenio uideantur, communem bonorum uiam fastidientes, uix olfactis, ut sic dixerim, doctrinis infideles euadunt et, quod inde sequitur, uitiosissimi. Cum igitur haec nemini adhuc videam contigisse ex hominibus nostris, merito poetarum principem omniumque doctrinarum fontem poetae etiam ingeniosissimo et omnium pariter doctrinarum studiosissimo tibi dedicauerim. Et quamuis eum ipsum Maphaeum Leonem Maecaenatem tuum nunquam tibi deesse uideam, quem parcis his temporibus liberalissimum esse mirabile est, tamen de me etiam tibi queas volo omnia constantissime polliceri. Itaque tibi persuadeas uelim me eum esse cui ob ingentes uirtutes, ob sanctissimos mores tuos aeque carus sis ac fuisti patri. Vale (1).

II

Lettre d'Aléandre a Scipion Cartéromachos.

Τιμιωτάτῳ καὶ ξυνετωτάτῳ Σκιπίωνι Καρτερομάχῳ
τῳ Πιστοριεῖ εὖ πράττειν. Ἐνετίαζε.

*A Sancta Maria formosa in casa del mag*co *ms. Hieronymo
Grimanj* (2).

(1) Ὁμήρου Ἰλιάς, Homeri Ilias, Aldus, sans date. Bibl. Nat., Réserve. L'édition aldine de l'Iliade est de 1504 d'après Renouard, *Annales de l'Imprimerie des Aldes,* Paris, 1834 ; Brunet, *Manuel du libraire,* Paris, 1820, t. II, p. 205.

(2) Nous reproduisons le texte des lettres suivantes d'après le recueil de M. de Nolhac, *Les Correspondants d'Alde Manuce,* Rome, imprimerie Vaticane, 1888, p. 60-65. Celle-ci est tirée du *Vat.* 4103, f. 25.

IC XC

Ἔτυχον εἰς τὰ διδασκαλεῖα ἀφικόμενος, ὁπότε Μαπφαίῳ τῷ
Λέοντι ἀποδέδοται τὰ παρ'ὑμῶν γράμματα, καὶ οὗτός γε πρὸς τὰς
πύλας βλέπων, ὥς με ἤδη καὶ πόρρω πάνυ ἐπανερχόμενον ἑώρακε,
μεγάλη τῇ φωνῇ (ἐστὶ γὰρ ἀδεεστέρα αὕτη ἡ πόλις τῶν Ἐνετιῶν)
τὴν τῆς διανοίας εὐφροσύνην οὕτως οἶμαι ἐνδεικνύμενος· παρῆσαν,
ἔφη, Ἱερώνυμε, παρῆσαν οἱ πάντων φίλτατοι ἡμῖν Σκιπίων καὶ
Μαρῖνος. Ἐγὼ δὲ (καθάπερ ἐνθυμεῖσθαί σοι παρίημι) ταύτῃ τῇ
ἀγγελίᾳ ὑπερησθεὶς καὶ μόλις τοσαύτην παρὰ τῶν θεῶν ἡμῖν εὔνοιαν
ὑπάρχειν πεπεισμένος, ὅμως τετράκις πρότερον ανεγνωσμένην τὴν
ἐπιστολήν σου φιλήσας, ἔγνωκά σοι ἀποκρίνεσθαι ὅτι τάχιστα. Οὐ
μὴν ἀλλὰ εὖ οἶδ'ὅτι· τί δήποτε, φαίης ἄν, Ἀλεάνδρῳ παρέστη
ἑλληνιστὶ πρὸς ἡμᾶς ἐπιστέλλειν; Μῶν τινα πρὸς Σκιπίωνα τὴν
τῶν ἑλληνικῶν ἐπιτηδευμάτων πλεονεξίαν ἀκαίρως ἐπιδείκνυσθαι
προαιρεῖται καὶ ταῦτα εἰς Αἴγυπτον στάχυας ὡς ἀληθῶς κομίζων·
ἰταμῶς γὰρ καὶ θρασέως τοῦτο ἂν εἰκότως εἴη, μᾶλλον δὲ κουφοτέρου
καὶ τὰ ἡμέτερα τρυφερῶς ἄγαν μεμισηκότος λατίνοις παρὰ Σκιπίωνος
γράμμασι δι' ἀλλοτρίας γλώσσης ἀποκρίνεσθαι. Καὶ τίνα γὰρ πρὸς
σὲ φιλοτιμίαν ἐπιδείκνυσθαι οἷός τε εἰμί, ὅς γε καὶ τὰ τῶν Ἑλλήνων
ἅπαντα, ὁποῖ' ἄττα ἡμῖν ἂν ὑπάρχῃ, παρὰ σοῦ ἐκμαθεῖν, καὶ ἐν τοῖς
ἡμετέροις ἐρρῶσθαι καὶ γιγνώσκω καὶ ὁμολογῶ πανταχοῦ πᾶσιν.
Καὶ νῦν γε τοσούτου δέω, ἥδιστε Σκιπίων, τοιόνδε τι λογίσασθαι,
ὥστε ἐξόν μοι ἧττον ἴσως κακῶς λατῖνα σοί γράφειν, ὅμως ἑλληνικὰ
διδόναι γράμματα προειλόμην. Τί δὲ τούτου αἴτιον φαίη τις ἄν·
διότι καθάπερ τῷ Πανὶ μικρὸν τὸ τοῦ γάλακτος σκύφος, καὶ τῇ
Δήμητρι ὀλίγον τὸ τῶν σταχύων δράγμα ὥσπερ ὄφλημα τι παρὰ
τῶν αγροιωτῶν πολλῷ γε οἶμαι χαριέστερον ἔστι τῆς ἑκατόμβης
αὐτῆς, οὕτω καγω σοι τὴν ὠφλημένην ταύτης τῆς γλώσσης εἰ καὶ
πολὺ τῆς αγρότητος αποπνέουσαν απαρχήν, πέπεισμαι εἶναι ἂν
ὁτουδήποτε μεγάλου ἀναθήματος χαριεστέραν.

Ἐπιδημητέον μοι ἔστι Λημνιακῷ δέκα ὡς ἐπὶ τὸ πλεῖστον ἡμέρας·
τοῦτο δὲ πολίχνιόν τι τῶν Βερωνέων ἐστί· ἐκεῖθι αφικόμενος οἴκαδε,

οὐδὲν ἔτι με κωλύσει, μὴ πρὸς ἡμᾶς ὅτι ταχιστα ἐκπετῶμαι.
Ἔρρωσω, τιμιώτατε.

Ἐκ Παταβίου, ἑβδόματη τοῦ φθίνοντος σκιρροφορίωνος.

Ἱερώνυμος ὁ Ἀλέανδρος. (¹)

III

LETTRE D'ALÉANDRE A ALDE MANUCE.

*Excellentissimo et liberalissimo utriusque linguae propagatori
Domino Aldo Pio tanquam patri suauissimo....
Venetijs. In casa di M. Andrea d'Asola (²).*

IC XC

Excellentissime domine, salutem. Heri lo receueti uostre
lettere, benche alla data del giorno me pareno uechie. Una dona
melle portò ; non so a che modo le done siano facte tabellarie,
ma sono forte pegre como e di lor in omnibus natura. Utcunque
io me sforzarò far quello che mi commandate como son tenuto
et debo ; ma credo che harremo difficulta hauere il libro di
Fiorenza, pur mi sforzarò de hauerlo et faro ut iubes. Hozi li
scholari hano dieuedato che se lezi et pure legessi, non so zoche
farano. Credo uerrò ad uoj fino zorni 10, et faro intenderlo a
misser Trypho. Interim uedete per le librarie in quello loco, se
gli e qualche cosa : de qua nihil est pur certo ; omnino faremo
faremo bona cosa. Io ancor uo reuedendo le mie lectione, et
facto che io habi questo, ad te euolabo. Misser Lodouico assai
ui si recommanda, et parli esser senza se stesso, non possendo
fruir la uostra dolce compagnia. Di me non ui dico niente ; sel
necessita che io uegni piu abonhora che sia 10 zorni, scriuetime
perche uegnirò ; ma non restate affaticarmi in cercare, perche
li besogna cura. Io uolentieri staria questi 10 zorni ad expendere
di reuedere queste mie lectione. Vale. Patauij. MDVI. Die 26
Ianuarij. Recommandatime a messer Andrea et li amici. Messer

---

(1) Quelques esprits et quelques accents manquent ; quelques caractères font
défaut ici.

(2) *Ambros. E. 30 inf.*, f. 24.

Maphio e per soe facende a Vicenza ; non ui posso dir di lui altro che, ut credo, bene habet.

Ex^tiae v. filius et cliens Hier^a Aleander.

IV

Lettre d'Aléandre a Alde Manuce.

Excellentissime domine mi (1), Io ui scriuo in pressa per non hauer presente tempo di mangiar et ui aduiso come son sano, gratia Dij, con li altri ; pur la Quaresima ne tumba li stomachi per questi pesci et strani cibi. Non so como fa ad uoi, benche uoi sete ἀκαμάτος. Io fo qualche cosa di notar sopra le cose che me hauete ordinato, et faria piu sel non fosse che mi besogna notar il graeco (ut scis) et talhor piu cha sij il besogno per la causa uostra. Presentemente ho le lectione di logica che vorria 30 homini et io non li posso prestar lopera de un 4to di hor. Pur passemo uia. Laus Deo. Vi prego a messer Stephano date che luj me mandara un Theocrito, perche hactenus io ho correcto sopra un ad impresto, et uedo che di belle correctione se multiplica, che messer Marco fa el douer et praesertim in questo ultimo. Io uorria affaticarse per noi non per altri. Item, perche el se per lezer di festa qualche cosa di Thucydide ui prego mello mandate. Questi doj libri me so necessarijssimi ; ui prego charissimamente non ui aggreua darli a messer Stephano, che lui me li mandara. Omnino un qualche di per uostra benignita haueuj dicto di darmelj non ui posso piu pregar. Voria intendere como van le cose, et di Alemania, et deli Virgilij se trouate qualche cose, et uedete ui prego di quello con il frate di San Michiele di Murano. Recommandatime a messer Andrea et alli altri Academici. Vale et salue. Misser Mapheo et mi a uoi se ricommandamo. Patauij. 1506. Die X Martij. Ve aricommando li mei ruri da Cabarelli. Et il Theocrito uedete chel quinterno sia iusto che era corrupto.

Tuus filius Hieronymus Aleander.

(1) *Ambros. E. 30 inf.*, f. 23. Sans suscription.

V

Lettre d'Aléandre a Alde Manuce.
1er Novembre 1507.

Exmo Dno Aldo Pio Manutio Romano. Venetijs. (1)

IC XC

Excellentissime domine, Azoche sapiate aliqua di nobis, io sum sano et me forzo expedirme di qui per uenir alla desiderata impresa ; tamen me besogna maturar azoche non habia caussa di retornar cossi facilmente. Interim uos ualebitis et metterete in ordine quello che si há da far ; extricateue da uostre lite, se si pode, et facte rebutar la lettere et conzate quelle cose de Plutarcho al meio si puol. Dio me dia gratia che presto me expedisca de qua. Valete, salutate li di casa et la excellentia di misser Ambrosio et li altri amici. Motae. 1507. Die primo Nouembris.

Tuus Aleander.

VI

Lettre d'Aléandre a Alde Manuce.
15 Novembre 1507.

Exmo Dno Aldo Manutio Romano amicorum optimo. **Venetijs.**
A Sancto Paterniano ouer appresso del ponte di Rialto (2).

IC XC

Non ui marauegliate, uj prego, se tantosto non son uenuto quantosto ui promisi et uoj sperauate, perche le cose del mio accordo con li aduersarij non si podeno cossi assetar como io speraua. Tamen non restaro percio di transferirme a Venetia. Et spero che sara omnino facto el di di S. Nicolo, che montaro in barca, Deo duce, se me sentiro ben, perche, per li grandi fredi che ho presso caualcando alli dj passatj, me hanno un

(1) *Ambros. E. 30 inf.*, f. 26.
(2) *Ambros. E. 30 inf.*, f. 25.

poco agiachito et oppresso siche, tra quelli et li intensi fastidij, non scio como habia si poco male ancor che a mi e del tal uigor che non mi lassano gia giorni 8 partir di casa. Non sto gia percio in lecto, ue prego interim modeste feras meam absentiam, che per Dio un zorno me pare cento anni a poter fruir con reposso la uostra doctissima consuetudine et del mio praeclaro messer Ambrosio et deli altri boni amici, cossi domestici como di seruitori di casa, alli quali molto ui prego ue piaqui racommandarmj et praesertim a messer Andrea mio carissimo patrono. Sel uenisse interim un zouene bassoto, se demanda messer Titio, el qual e doctissima persona et uol dar impensa opera a lettere graece et inuero dignissima creatura, et ui dimandasse di me, dicete che me expectate, ma che non sapete certo de reditu quando el sia per esser. Et questo per uno poco de mea facenda. Vale. Motae. 1507. Die ultima Nouembris. Se Messer Demetrio e agiunto da Carpi salutatelo, δέομαι σοῦ, meo nomine.

Tuus Aleander.

VII

Lettre d'Aléandre a Alde Manuce.
4 Janvier 1508.

Exmo uiro Dno Aldo Manutio Romano
utriusque linguae propagatori. Venetijs. A San-Paternian.
In casa di m. Andrea d'Asola (1).

IC XC

Salue, Alde optime. Io scripsi alli zorni passati a messer Ambrosio che la terza festa di Natal ouer quarta io era per partirme dala Mota per Venetia, la mia fortuna et questa maledicta lite me ha conducto che za 20 di io sum in Friuli ad Vdine et poeno si che non uj maraueliate, sed spero hauernemi spedito fra doi o 3 zorni di qui. Et como giunga alla Mota ueniró ad uoj; io non scio se qualche cosa me scia sta mandata alla Mota, como scripsi a messer Ambrosio, perho non uj scriuo altro. El lator della presente e uno doctissimo notario dela terra di Vdine

(1) *Ambros. E. 30 inf., f. 13.*

et me ha seruito assaj et gratis in la mia causa. Luj uorebbe
comprare lopera del Politiano ; se uoj ne hauete, ui prego fatelli
quello piu appiacer potete per amor mio, et appresso li altri
uostri innumeri beneficij uerso di me computate ancor questo.
Il Cotta molto ui saluta, elqual e qui con lo illustre segnor
Bartholomaeo di Aluiano, quorum uterque me fanno molte
chareze. Salutate messer Ambrosio con tutti di casa. L'Amaseo
dice chel uj mandara fino pochi zorni qualche denari et che li
perdonate. De qua ogni dj uien fanterie di Romagna ; tamen
non se dice altro. Vale plurimum. Vtini. 1508. Die 4 Ianuarij.

Tuus Aleander.

VIII

Lettre d'Aléandre a Alde Manuce.
23 Juillet 1508.

*Excellentissimo Domino Aldo Manutio Romano patrono
obseruando. Venetijs. A San-Paterniano.*

IC XC

Salue et cetera. Per Rado presente corriere che uien de
Engelterra et ne fa presa, ui scriuero al bisogno dele cose che
me parerano piu necessarie, un altra uolte ui scriuero di altre
cose. Le mie capse non sono ancora uenute, perho non ui
transcriuo cossa alcuna dele ordinate. La fortuna mia uole
cussi. Io non ho facto ancor principio alcuno per che non sono
uenuti li libri. Et ben che me sia sta seruito de molti libri cossi
graeci como latini, non di meno monsignore Budeo non mi
consiglia che io tenga adesso tal uia, per che molta turba di
seminudi et pediculosi scholari ce sarebbeno, ma guadagno
poco ; pur me ha dicto che acconciaua le cose mie ben, et interim
aduna alcune persone degne, si che le cose spero andaranno
ben quanto al guadagno, per che quanto al nome (che nome
si fa per questa uia), gia molti homini degni et altri ce cognos-
ceno, et ne sono di grandi accepti. Ma se ben non se guadagnasse,
io ho trouato un altra uia laqual e di sorte che spero de non me
pentir di esser uenuto in Francha : e che io di et nocte do opera

alli studij dele arte per bona foza, et questo basti, che spero
che al tempo del' Academia faremo ancora qualche cosa di la
uia peripatetica et dele mathematice. El Fabro e nostro duce et
altri homini degni. Et che la uia ci sia per essere compendiosa
et di quella che messer Ambrosio uole, credo che l'habiamo
trouato. Et doliomi che a Venetia non se ne troui ben el nostro
messer Ambrosio, al qual molto me recommandate.

Sappi ancor che dapoi disnar io lezo una lectione ad alcuni
homini da ben in graeco. Et altri me instano assaj che io leza
le Erotemate. Tamen fin hora non hauemo facto altro, per che
non sono Erotemate di Lascaris in questa terra, et io non uolio
pigliar la fatica per una o per doj, per che uorei far una classe
di 15 ouer 16 ad un tracto. Se e uero che in questa terra hanno
stampato l'Erotematj di Chrysolora dal typo di Regio et Theocrito, le letre in men sono facte qui et ancora che io non le
habia uiste, tamen credo che non siano ne belle ne bone ; pur
pel el bon mercado costoro le uoleno, che non curano altro in
questo modo che spendere poco. Loro uolenno che io li insti-
tuisse con quelle Erotemate, io li ho praeposto quelle uostre per
essere et melior uia et per cetera. Perho parlate con messer
Andrea et facte mandar ogni modo piu presto che si pote, o per
la fiera per uia da Lion o ancora auanti : Erotematj de Constan-
tino al meno 12, lexicon 6, Luciani 6 ouer piu, et qualche
altro libro che ui para, tanto che se faza una capsa, per che ne
li faro spazar tutj spero. Intra li altri mandar che me ha
ordinato uno gentilhomo a posta : Aristotele de animalibus
graeco, Theophrasto de plantis graeco, Aristophane et altri libri
che azoche l'habiate in ordine uederete in la lista.

Et per che questo Ianpietro li uende un ocbio di homo et non
si spazano cossi facilmente et multi de...., so ui dire che lo
chiamano el Iudeo, elqual ha uenduto ad uno gentilhomo di
qui li Epigrammatj graeci uostri ducati ij marcelli 10 di nostra
moneta, ad tal che me e stato forza redrezarli in speranza laqual
per forza haueano abiecta. Et cominciauano a far una festa con
francese che sa graeco et fareano stampar ut supra. Tamen li
ho ropto el desegno. Et credo che collui piu non leza ; ne lo
cognosco, senon per nome che si dice credo franco Tisardo.

Perho io uorei che feste far una capsa di libri et mandarla
con la lettera directa ad me in el Collegio Cardinalis, che e
uicino a casa nostra, et el principal di epso studia graeco ; per

che io, con quello animo che ui porto, ueli diro et rendarouj li uostri danari al modo et ordine che me dareti chi [scri]uerete el uostro conto al modo de li. Et faro alquanto meior mercato che n[on] Ianpietro, per che per Dio el besogna, et del guadagno plus oltra la uenditione [che] si fa ad Venetia, parte si expendera in la spesa, et parte io guadag[nero], per che per Dio non si fa grasso di guadagno.

Crede mihi per che in questa terra sono tanto usi a pagar li maestri a soldi chi li aggraua dar denari cossi[in] libri como in maestri di graeco. Et perho besogna che se adiutamo per ogni [caso] per che χεὶρ χεῖρα νίπτει (1). Et poj piu oltra fretus tuo consilio io non li cuz...., ne ancor ho toccato soldo, per che li nado tirando in la stupa. Et poi qualche [cosa] sara un jorno, pur che si niua. Et perche siate certo uoj e messer Andrea che io non ui uolio aggabar, la magnificentia di messer Piero Lion ue parlera ouer messer Andrea, per che la sua magnificentia li fara ogni seguri inde quanto di dicti libri che uoi mandarete, che del uendere di epsi uene rendero bon computo, ben che credo che non bisogna tante pezarie con mi che son di casa uostra, et che ho qualche cosa in terra di Veneti, quum sit chi ue fidar di quello modico che sia in Polana alienigena. Se uoj me li mandarete, me accendero mi a far che sene spaci, per che fara ancor per mi, benche ad ogni uostro [man]dato sum per esser sempre obediente, et cossi di mio patre messer A[ndrea] [Se] besognara io ue faro responder di danari sempre deli per la sua magnificentia, quanto non uenderemo ; aduisandouj che in questa terra molti sono librari che uolentieri se intricariano con uoj, tamen ego sum praeferendus. Del mio debito per Dio, quum primum io guadagni, io ue satisfaro deli danari.

A messer Erasmo e tuti di casa e di fora amici me recommandate, alli quali non s[criuo] per il tempo non mi lassa, si per la lection che io expecto como per el corrier [el] qual profecturit.

Vale. Parisijs. M.D.VIII. 23 Iulij.

Tuus Aleander (2).

(1) C'est un adage que l'on trouve sur les publications de Gilles de Gourmont.

(2) Nous reviendrons sur cette lettre dans le second fascicule. Nous la donnons ici à cause de la mention qu'Aléandre y fait de François Tissard, et parce qu'elle accuse bien les différences qui séparaient le monde littéraire de l'Italie de celui de la France où va vivre Aléandre pendant quelques années.

NOTES AUTOGRAPHES D'ALÉANDRE SUR SA JEUNESSE.

Les bibliothèques d'Udine et de Paris conservent des notes de la main même d'Aléandre sur quelques événements de sa vie. M. Henri Omont a rendu un service signalé à la biographie d'Aléandre en publiant, en 1895, le *Journal autobiographique du Cardinal Jérôme Aléandre (1480-1530)... d'après les manuscrits de Paris et Udine* (¹). Voici ce que dit le très savant éditeur au sujet de ces manuscrits :

« Des articles biographiques étendus ont été consacrés à la vie d'Aléandre par Mazzuchelli, dans ses *Scrittori d'Italia* (1753), et par Liruti dans ses *Notizie de' letterati del Friuli...* Un autre érudit italien, G.-M. Bottoglia, a de son côté composé quelques années auparavant, en 1749, à l'aide de manuscrits autographes d'Aléandre pieusement recueillis, une vie détaillée de son illustre compatriote. La publication des ouvrages de Mazzuchelli et de Liruti a sans doute empêché l'impression du travail de Bottoglia, resté encore aujourd'hui manuscrit, et qui ne sera pas consulté sans profit par le futur biographe d'Aléandre.

Les principales sources de la vie d'Aléandre sont présentement dispersées à Udine, Paris, Milan, Rome et Venise. Mais le fonds le plus riche et le plus abondant est conservé à Udine : ce sont les documents, originaux ou copies, réunis au XVIII⁰ siècle par son biographe G.-M. Bottoglia, et que possède aujourd'hui la bibliothèque archiépiscopale d'Udine. Il suffira pour faire juger de leur importance, d'en donner la liste telle qu'elle vient d'être récemment publiée en appendice au catalogue de cette bibliothèque (²) :

(1) Henri Omont, *Journal autobiographique du Cardinal Jérôme Aléandre (1480-1530), publié d'après les manuscrits de Paris et Udine*, Paris, Imprimerie nationale, librairie C. Klincksieck, 1895. — On trouvera ce même travail dans les *Notices et extraits des manuscrits de la Bibliothèque Nationale et autres bibliothèques*, t. XXXV, 1re partie.

(2) Voir G. Mazzatini, *Inventari dei manoscritti delle biblioteche d'Italia*, vol. III (Forli, 1893, gr. in-8°), p. 233.

1. Note di spese di viaggi di mons. *Gir. Aleandro*, 1510-1515: autogr.

2. Autobiografia di mons. *Gir. Aleandro*, con postille in greco, 1480-1530 : autogr.

3. Vita del card. Gir. Aleandro, con sue lettere e il testamento, di *Gio. Maria Botteglia*.

4. Memorie biografiche del card. Gir. Aleandro, con lettere orig. e in copia sulle sue dignità e legazioni in Germania, racc. da *Gio. Maria Botteglia*.

5. « Notizie istoriche intorno alla vita del card. Gir. Aleandro », di *Gio. Maria Botteglia*. [E il testo preparato per la stampa (Venezia, 1749) che non fu fatta piu.]

6. Ragionamento del card. *Aleandro* nella Dieta di Vormazia sul bando dato a Lutero dall' Imperatore.

7. Note biogr. di Franc. e Girolamo Aleandro nipote e pronipote del card.

Les deux premiers articles de cette liste sont de beaucoup les plus importants : ce sont des *diaires*, ou journaux au véritable sens du mot, tout entiers de la main d'Aléandre, rédigés ordinairement en latin, le second souvent en grec, quelquefois en hébreu, et dans lesquels à côté de mentions relatives à des événements contemporains d'un intérêt général, on trouvera consignés les plus petits détails de la vie intime d'Aléandre. Si l'on joint à ces deux volumes un autre journal autographe d'Aléandre, aujourd'hui conservé à Paris et récemment entré à la Bibliothèque nationale *(Ms. nouv. acq. lat. 563)*, la réunion de ces trois manuscrits forme une source abondante et on ne peut plus précieuse pour la biographie d'Aléandre, depuis sa naissance, en 1480, jusqu'à l'année 1531, douze ans avant sa mort, mais avec une lacune depuis l'année 1518 jusqu'au mois d'août 1524....

Quelques mots suffiront sur chacun de ces trois manuscrits :

I. — *Ms. de Paris*, Bibliothèque nationale, *nouv. acq. lat.* 563. — (1492-1517).

Recueil d'Ephémérides, ou calendriers imprimés petit in-4°, de Jean Müller, de Königsberg *(Joannes de Monte Regio)* (1) pour les années 1492 à 1517, en marge et entre les lignes desquels Aléandre a inscrit, à leurs dates, une série de notes autobiogra-

(1) Voir Brunet, *Manuel du libraire*, t. III, col. 1854; cf. Hain, *Repertorium*, n° 13794.

phiques ou concernant différents événements contemporains.
Ce volume, relié en parchemin, compte 377 feuillets, mesurant
202 millimètres sur 150 ; il a été acquis en novembre 1893, par
M. L. Delisle du libraire R. Sercelli, de Florence. La signature
d'Aléandre tracée en caractères monocondyles et son *ex libris*
en haut du premier feuillet, ont été biffés, mais peuvent encore
se lire : « — *Hier. Aleander :* ✝ » ; — « *Hier. Aleandri* καὶ τῶν
ὄντως φίλων. » Au XVII° siècle, ces *Ephémérides* étaient en la
possession d'un avocat de Sinigaglia qui a écrit son nom en
tête du folio 1 v° : « Jo : Paulus Monti, Ad° Senegaliensis (1). »

II. — *Ms. d'Udine*, bibliothèque archiépiscopale, *Appendice
n° 1*. — (1510-1516).

Petit volume, couvert en parchemin, de format in-16, mesurant 130 millimètres sur 95, composé de 200 feuillets numérotés
par Bottoglia, auquel il a appartenu au XVIII° siècle ; celui-ci
a ajouté, dans les marges, des manchettes presque à chaque
page pour en résumer le contenu. C'est un carnet de recettes et
dépenses d'Aléandre plutôt qu'un journal, pendant son séjour
en France et son voyage à Liège, de 1510 à 1516.

III. — *Ms. d'Udine*, bibliothèque archiépiscopale d'Udine,
Appendice n° 2. — (1480-1530).

Volume en forme d'agenda, couvert en parchemin, composé
de feuillets de papier petit in-folio, pliés en deux dans le sens
de la longueur, et mesurant 230 millimètres sur 80 ; on y compte
205 pages numérotées par Aléandre, de deux en deux par
chiffres impairs, à l'angle droit supérieur du recto de chaque
feuillet. En haut de la première page, et aussi à la dernière
page, se trouve la signature d'Aleandro, comme dans le manuscrit de Paris ; au-dessous est le cachet, imprimé en noir, de
Gio. Maria Bottoglia. Le journal d'Aléandre, pendant les années
1521 à 1530, occupe la plus grande partie de ce volume....

[Il y a [dans ce manuscrit] une lacune de la page 127 à la page
160, formant un cahier de 34 pages qui a été arraché, et plus
loin un feuillet (p. 190 et 191) a été enlevé. (2)]

(1) Cf. **Bulletin de la Société nationale des Antiquaires de France**, 1893,
p. 235-237.

(2) « Au XVIII° siècle déjà ce manuscrit était incomplet, comme il l'est
malheureusement aujourd'hui ; c'est ce que permet de constater une copie
imparfaite, s'arrêtant à l'année 1527, communiquée à l'historien Mazzuchelli qui
en parle en ces termes dans ses *Scrittori d'Italia* (t. I, part I, p. 423) :

Ces journaux de la vie d'Aléandre, si l'on en excepte le second, n'ont point été tenus au jour le jour, mais rédigés après coup. Une mention expresse qu'on trouvera reproduite plus loin [7 décembre 1501], permet de constater que les notes mises en marge des *Ephémérides* de 1492 à 1517, ont été écrites en 1525, à Rome. C'est dans la même ville qu'a été rédigé à ce qu'il semble, en 1528 et années suivantes, le journal qui contient les années 1480 à 1496 et 1524 à 1531 de la vie d'Aléandre. »

Nous n'avons pas l'intention de reproduire ici le travail de M. Henri Omont. Nous rangerons seulement par ordre chronologique les diverses notes d'Aléandre qui se rapportent à sa vie d'étudiant et d'humaniste jusqu'à son départ pour Paris. Nous donnerons aussi entre [ ] quelques-unes de ses notes relatives à quelques humanistes de ses amis. (¹)

« VI. Fra l'opere dell' Aleandro merita pure aver luogo il *Diario* ch' egli scrisse della sua vita, non mai, per quanto da noi si sappia, stampato. Noi l'abbiamo sovente citato di sopra in questa vita, merce la gentilezza del poc' anzi mentovato P. Giovanni degli Agostini, il quale di esso ci ha communicato un ristretto, tratto da lui da un esemplare ms. di esso Diario il quale gia alcuni anni si conservava presso al sig. canonico Girolamo Lioni di Ceneda, autore de' *Supplementi al Giornale de' Letterati d'Italia*. Ma qui ci piace avvertire che il Diario in questo codice era mancante dall' anno 1502 sino al 1524, e terminava alla meta del 1527, intorno a che restiamo in diubbio se sia difetto del codice, o pure dell' Aleandro, che non l'abbia scritto intero ; se non che a credere quest' ultimo ci presenta qualche conghiettura il Ciacconio, il quale ebbe pure contezza di questo *Diario*, e ne riferisce eziandio alcuni passi, ma non mai di quegli anni in cui è mancante il codice del Lioni ; onde dovrebbe credersi o che il Ciacconio si servisse d'un esemplare egualmente imperfetto, o che imperfetto siaci restato il Diario d'Aleandro. Da alcuni passi di Antonio Lupis (nelle sue *Hore preziose della Villa* impiegate nelle *Memorie della Motta*, etc, in Venezia, 1677, in-4°) si raccoglie aver questi pure veduto il medesimo Diario. »

Les quelques lignes consacrées par Bottoglia dans ses *Notizie* (page 9, note) à ce même manuscrit et au précédent complètent la notice de Mazzuchelli et achèvent de renseigner sur les provenances de ces deux derniers volumes :

« Il Diario ms. di pugno di Girolamo Aleandro presso di me si ritrova, favoritomi dal defonto signor canonico Lioni di Ceneda, abas'anza noto come autore de' *Supplementi al Giornale de' Letterati d'Italia*, e che, segnato essendo al di fuori con la lettera *L*, sarà da me nel corso di questa opera nominato *ms. L*, per distinguere dell' altro, che pur autentico mi ritrovo avere, e di pugno dello stesso nostro Girolamo, segnato con la lettera *D*, e che mi fu graziosamente prestato da i signori Aletei di Oderio, miei singolari padroni. »

(1) Nous indiquerons par un chiffre placé à la fin de ces notes, la provenance de chacune d'elles. (1) désigne le manuscrit de Paris, (2) le premier manuscrit d'Udine et (3) le second.

1479

[24 maii, hora V matutina, more horologii Galliae et Germaniae, licet in horologio Basileiensi hora fuerit 6 matutina, 1 hora diei 23, Basileis natus fuit Ludovicus Ber, canonicus Basileiensis, qui theologiae doctoratus primum locum Lutetiae Parisiorum suo anno obtinuit. Carissimus amicus meus, qui mecum sanctissime et jucundissime Parisiis vixit, licet non in eodem contubernio, sed ita ut nihil posset esse nobis duobus conjunctius. Is, postquam discessit, anno Domini 1513, e Lutetia ad hunc usque diem dominicum 20 junii, nunquam interim visus fuit, 1535, quum me visitavit rediens Roma in patriam et mecum duobus diebus hic vixit (3).]

1480

Die 13 februarii, hora 23, minutis 24 post meridiem, id est die lunae circiter meridiem 14 ejusdem mensis, lat. 45, Mottae, ad Liquentiam amnem amoenissimum et Thybri perquam similem, quo Forum Julii a Tarvisino agro disterminatur. Successit Hieronymus bibliothecarius apostolicus in locum Zenobii eadem qua ille obiit die (3).

1485

17 maii, hora...., natus est Maffeus Leo, patritius Venetus Venetiis, vir summo ingenio, doctrina et divina facundia praeditus, omnium studiorum et fortunarum mearum socius, comes, patronus et auctor, mihique omnium mortalium et rerum carissimus (3).

1492

— Hoc anno, mense martio, publicatum fuit edictum a rege Ferdinando et regina Helisabet, ut termino 3 mensium Judaei vel christiani fierent, vel terras regi et reginae subditas exirent (1).

1493

In autumno, mensis..., die..., e Motta paterna domo decedens, veni Venetias daturus litteris operam, meruique primum sub Benedicto Prunulo, qui quum multis et clarorum virorum

filiis frequentaretur, ut vix posset mei impubis adhuc curam
gerere, ductus fui a patre ad Petronillum Ariminensem ludima-
magistrum ad S. Pantaleonis, quem Graeci Παντελεήμονα
dicunt (1) (3).

1494

Die prima Martii, sabbato, in domo autem habitavi semper
carissimi affinis mei D. Andreae Barelli, optimi viri, degentis
in domo cui praefixa sunt insignia Trium Vexillorum, in vico
S. Pantaleonis.

Mense..., Barellus decoxit ; socrus ejus me duxit cum pueris
ad habitandum prope S. Mariam de Horto, in domo vastae
solitudinis, ubi e timore nocturno, quia in cubiculo terrestri et
horrendo solus et puer cubabam, incidi in duplicem tertianam
ad finem augusti.

In fine augusti ductus fui Venitiis Mottam, aegrotus adusque
festum D. Martini, quo primum exivi domum ; postridie discessi
cum matre Clodiam versus, ubi fuimus plusculos dies (3).

*
* *

Mart. 1. — Traditus sum a patre Petronillo Ariminensi, ludi
magistro, Venetiis erudiendus, in vico Divi Pantaleonis ; hactenus plusculos menses sub Benedicto Brognolo merueram (1).

1495

Mart. 4. — Portum Naonis petivi cum C. Paulo Amaltheo
praeceptore meo (1).

Die Cinerum, 4 martii, petivi Portum Naonis, cum C. Paulo
Amalthaeo, sub eo daturus operam litteris (2). Hic annum feli-
cissime vixi et studui animo multum tranquillo, cœpique publice
profiteri bonos autores, magno et honestissimo tam laycorum
quam ecclesiasticorum auditorio, non ex eo tantum oppido, sed
et multis vicinis etiam accurrentibus advenis, si cui forte

(1) Aléandre a ajouté en marge : « Fuit et Πανταλέων Ἀλυαττέω παῖς,
Herodoto in primo. » (Herodote, I, 92.)

(2) La même mention se trouve répétée sur la couverture du ms : « 1495,
die Cinerum, 4 martii, discessi Motta cum C. Paulo Amaltheo educandus et
erudiendus ab eo in Portu Naonis ubi ipse publice profitebatur. Σὺν Θεῷ ».

contingebat Portum Naonis divertere vel illac iter facere (1) (3).

[1495, nocte lunae 20 septembris, hora plus minus 3 1/2; id est hora 9, minutis 22 post meridiem, natus est hic alter patronus meus, oculus meus, dimidium animae meae, Johannes Matthaeus Gibertus, episcopus Veronensis, tot virtutibus, et fortunis rebusque gestis clarus, ut longis justisque voluminibus non brevi nomenclaturus notula sit opus, si quis velit, si non omnia, saltem bonam partem laudum ejus enarrare. His duobus viris [Maffeo Leoni et Giberto] nihil ego unquam charius in vita habeo, qui etiam nunc supersunt, et supersint utinam centum adhuc annos incolumes et felices patroni (2) (3)].

1496

A mense martio ad 18 maii, mansi Mottae, nihil prorsus agens. Die 18 vel 19 maii, dum mater parturiret Antonium Mariam fratrem meum, dicta in eam dolentem D. Margaritae oratione, discessi navi Venetias, mansique per aliquot menses in domo D. Petri de Alberto.

In autumno ivi habitatum cum Barellis ad S^{ti} Proculi, graviter ferente patre, quamvis ego studiorum causa id fecerim (3).

****

[Die Veneris XIV julii, hora 17 1/2 post meridiem, id est hora inter 8^{am} et 9^{am} matutinam diei Veneris XV julii, Romae natus est, et tertius hic non minus mihi duobus supradictis charus, Joannes Baptista Sanga, dum haec scribentem, 1531, a secretis pontificis Clementis VII primarius ex alumno Giberti, Veronensis episcopi, factus. Summa eruditione utriusque linguae, prudentia, integritate, ut nihil usque meminerim vidisse candidius aut syncerius, hic mecum hoc tempore quotidie ferme in palatio apostolico tris quatuorve horas in sanctis et doctis colloquiis consumere consuevit, tanto amore tantaque charitate

(1) En marge : « Ann. 15. »

(2) Dans un moment de danger Aléandre pense aussitôt à Giberti (Cf. Omont, Journal d'Aléandre, p. 68, à la date du 1er novembre 1527 ; p. 87 et 88). Cf. sur Giberti, Angelo Castiglione da Genoa, Carmelita, *Oratione nelle esequie del Reverendissimo Vescovo di Verona, Gian Matteo Giberto*, 1543 (Bibl. Nat., Inventaire, X, 19343). Parmi les éditions grecques, publiées par Giberti, voir Ioannis Damasceni *editio Orthodoxae fidei*, ejusdem *de iis qui in fide dormierunt*, Veronae, MDXXXI (Bibl. nat., Inventaire, C 1572).

ut pater filio, filius patri non possit esse conjunctius. Deus faxit
ut hi tres superius adnotati mihi et ecclesiae Dei diutissime
vivant. Amen.] (3)

1497

In Carnisprivio, ivi Mottam, ubi hilarisissime sum exceptus,
tum ab aliis, tum a matre etiam solito magis. Quae mox in
Quadragesima, loto capite aqua nimis fervente, culpa ingerentis
ancillae, levi primum dolore capitis affecta, concessit in lectum,
ubi eam postremo salutavi non male alio de se sperantem et me
solantem quod pater mihi fuisset subasper in pecunia exhibenda,
quinimo nescio quod mihi pecuniarum dedit ipsa ; quae tandem,
ingravescente morbo, in lethargum incidit quo et obiit, erum-
pente post mortem apostemate per nares, die XI martii, sicut
postea e litteris patris accepi. Requiescat mater suavissima in
sinu Abraham, optima et prudentissima femina, maximoque
ingenio et memoria (1).

Pridie hujus diei, ego, et Nicolaus Bonhominis, petivi Mes-
trum, usque adeo tristi animo sicut et sequenti die, ut nihil
unquam senserim gravius.

Statim post Pascha resurrectionis, quae fuit hoc anno 26
martii, petivi Mottam lugubri habitu parentaturus matri, ubi
cum evicissem disputando Dominicum Plorium senem ludima-
gistrum maledictissimum, toto praesente populo, pater magna
laetitia affectus, persuasusque etiam ab inimicis ne ego magis
in litteris proficerer, voluit ut Mottae, bono conductus salario,
profiterer. Quod quum recusarem eo nomine, quia volebam
litteris graecis dare operam, pollicitus est se conducturum mihi
praeceptorem hominem graecum, quem nusquam haberi potuit.
Sed loco graeci praeceptoris tenuit pater domi quemdam pres-
biterum Danielem Patavinum, senem astronomum, qui me
docuit astrologiam et praesertim judiciariam ; homo peritissimae
in ea experientiae et ostendit etiam in caelo φαινόμενα (2) (3).

Hoc anno, mense martio, exiit edictum a rege Emanuel
Lusitaniae contra Judaeos ut exirent regnum, vel christiani
fierent termino mensium XI (1).

---

(1) Son père devait mourir le 7 janvier 1501. Cf. plus loin.
(2) En marge : « Ann. 17. »

1498

In aestate, mense (ut puto) julio vel augusto, procurante Francisco Bonfilio, avunculo meo, venit ad me Moses Perez, hebraeus Legionensis, unus ex iis qui fugerunt ex Hispania, docuitque me litteras hebraeas (1) usque ad Carnisprivium, quo discessit Portum Buffaleti, mox Portum Naonis, 1499 ; non enim pater voluit tenere judaeum domi, praesertim in Quadragesima, quum semper fuisset adversatus Judaeis, ne quis eorum in oppido nostro degeret, etiam contrajubentibus decemviris, sicuti neque antea neque post unquam fuit auditum nec visum judaeos Mottae degere, excepto praeceptore meo (3).

1499

Post Pascha ivi Venetias ; oblata fuit conditio a D. Sebastiano Priolo, archiepiscopo Nicosiensi, qui habitabat Murani, ut docerem eum litteras hebraicas (2).

Mense maio, quum non potuissem tam cito expedidri ex Motta, regressus Muranum, deprehendi episcopum conduxisse Josephum Basanum hebraeum ; et, quum salarium vellet mihi diminuere, indignatus ego recusavi conditionem. Venetiis domum dedit gratis magnificus D. Nicolaus Michael, patritius Venetus, juris utriusque doctor, in vico S. Mosis, quo adduxi Jo. Baptistam fratrem meum, qui sub Manteio, in aede D. Marci, litteris dedit operam.

13 augusti, Venetiis Mottam ut inde Portum Naonis, interfuturus baptismo praeceptoris mei judaei, qui, magno concursu baronum et populorum patriae, susceptus fuit sacro fonte a Joanne Maria Maripetro, praetore Mottae, et a patre meo, die Assumptionis Divae Virginis, vocatusque Hieronymus Paulus. Sed ego culpa nautarum non potui in tempore eo pervenire.

In fine augusti, die puto Decollationis Baptistae [29], inter saltandum decidi ex alto, magno periculo.

Paucis post diebus, die sabbato [31], jejunans, incoenatus ivi cubitum. Die dominico, quum disputassem de natura angelica cum Johanne Pasetto Epirota, absque tamen ira aut rixa, sed coram praetore et populo, rediens domum, absque magna

(1) En marge : « Ann. 18. »
(2) En marge : « Ann. 19. »

concitatione, excitus est vomitus flavae bilis ad duos catinos. Medici imputarunt pristino casui ex alto ; secuta febris duplex tertiana ad tres menses (1) (3).

1500

Ante Carnisprivium, ivi Venetias habitavique in vico Divi Mosis, in domo solita, ubi inveni quem reliqueram Johannem Baptistam, dantem litteris operam.

Post Pascha perlegebam Tusculanas quaestiones aliquibus nobilibus et doctis juvenibus, inter quos Maffeus Leo, Vincentius Bolanus, patritius Venetus, Joannes Baptista Pontanus, a secretis Venetorum (2).

Ad anni finem coepi habitare in mediano domus Maffei Leonis ad Divi Chrysostomi impensis tamen meis in reliquo victu (3).

1501

Jan. 7. — Hodie dubio procul teneo patrem meum Franciscum Aleandrum, virum magnanimum, obiisse diem febre et quadam animi defatigatione ob multa adversa que proximis annis passus fuerat, temporum culpa et praesenti Turcarum incursione. — 5 autem hujus, invenio acceptilationem quarundam pecuniarum per eum factum pulcerrima et minutissima littera, quamvis etiam tum aegrotaret, sed morbo unde cognati nihil prorsus timerent id, quod postea inopinato quasi accidit. Feliciter habeant Manes optimi patris, qui ad me bonis literis et moribus instituendum nulli unquam par sit aut impensae aut labori, tum domi, tum foris, utrobique enim mihi semper et fratribus optimos procuravit praeceptores (1).

***

Die 7 januarii, obiit, carissimus et clarissimus vir pater meus Franciscus Aleander, Mottae, anno 64, circa festum Epiphaniae; ivi Mottam parentaturus. Redivi Venetias in Carnisprivio.

In Quadragesima laboravi dolore capitis et aure, per quam emisi immensam aquae vim ; per phlebotomiam convalui.

Die sancto Veneris, petii Mottam, adhuc debilis, ubi inveni

(1) En marge : « Ann. 19. »
(2) En marge : « Ann. 20. »

Vincentium fratrem consilio et ope Sylvestri Granzae et Hyeronimi Berettarii, quum ille puer esset, abstulisse et dissipasse universum mundum maternae dotis.

Die lunae post Pascha, coepi sequi Vincentium in Portugruario (1), Sacelli (2), in Ponte Leniaco, mox per Crucetam Ferrariae, deinde per Mercariam Cremonae, ubi eum nudum inveni.

Quum rediissem cum Vincentio Venetias Valerius Dulcis, circa festa Pentecostes, obtulit mihi conditionem studiorum Patavii. Itaque, dimisso Maphaeo, illuc concessi, sed non diu illic mansimus, quia Valerius et pater non fuerunt concordes. Habitavi tamen cum dicto Valerio in sua domo paterna usque ad diem 13 novembris, apud Crucigeros, quamvis Valerius non studeret.

14 novembris, die dominico, coepi habitare apud R. P. D. Angelum, episcopum Tiburtinum, legatum Alexandri papae Venetiis, iturus secretarius ducis Valentini, primo quoque tempore commodo (3) (3).

[A un autre endroit :]

Nov. 14. — Cum Angelo Leonino, episcopo Tyburtino et nuncio apostolico, cum potestate legati de latere Venetiis (1).

Dec. 5. — Missus fui a legato ad Hungaros laturus XIII millia CCCXXXII 1/3 ducatorum, nomine Alexandri pontificis maximi. Resignavi pecuniam in arce Seniae ; non tamen recte memini quintave an sexta die discesserim Venetiis (1).

[Ailleurs] :

Die 5 decembris, discessi Venetiis Seniam versus, ut inde in Hungariam nuncius apostolicus Alexandri papae VI, cum 13,332 1/3 ducatis (3).

7 vel 6 decembris, Caprulis, κελτικὴ νόσος (3).

Dec. 7. — Οὐ καλῶς μέμνημαι εἰ ταύτῃ τῇ ἡμέρᾳ ἢ 6, ἢ 8, ἀλλ' οἶμαι 6, ἐν Καπρόλαις, λιμένι Ἐνετίας, ἔγνων Αἰκατερίνην τινὰ Ἰλλυρικὴν, ἅπαξ, ὅθεν ἐβλάβην τὴν ψωλὴν, καὶ ἠρξάμην ἀσθενῶς ἔχειν, καὶ ὠχριᾶν καὶ.... γενέσθαι, εἰ καὶ μὴ πάνυ ἐπεμελούμην· ἐν δὲ ἑπομέναις ἡμέραις, καὶ οἶμαι ἐν μηνὶ, ἤλγησα ὅτι μέγιστα τὴν κεφαλὴν, καὶ ἀνέφυ ἕλκος ἐν μετώπῳ καὶ ἕλκη τινα μικρὰ

(1) Portogruaro.
(2) Sacile.
(3) En marge : « Ann. 21 »

καθ'ὅλην τὴν κεφαλὴν, ὅθεν ἔλεξαν τινὲς νοσεῖν με τὴν κελτικὴν λεγομένην νόσον, εἰ καὶ ἐν βραχεῖ καὶ ῥαδίως διὰ λεῖα φάρμακα ὑγιὴς ἐξέφανην ἄνευ τινος χρίσματος. Ῥᾴστη γὰρ ὑπῆρξε μοι ἁυτη ἡ νόσος, ὥστε καὶ πλείστους λέγειν μὴ εἶναι τοιαύτην νόσον, ἐγὼ δὲ καὶ οἶμαι γενέσθαι καὶ μὴ ἄλλην καὶ αἴτιον μοὶ καταστῆναι πολλῶν ἄλλων καὶ κακῶν παθημάτων, καὶ οὐχ ἥκιστα τῶν ἑλκῶν, ὧν ἕξ ἤδη ἐνιαυτοὺς ἐν κεφαλῇ πάσχω μέχρι τοῦ σημερον, 6 νοεμβρίου 1525, ἐν ᾗ ταῦτα ἔγραψα· ἔσται καλῶς, τῷ Θεῷ χάριτας. (1)

14 decembris, redivi Venetias, ubi statim coepi febrire (3).

1502

Mense januario, petii Mottam, curaturus valetudinem, ubi mansi fere tota aestate et autumno inglorius et deses. Interim mihi collata fuerunt beneficia Villae Novae et Sanctae Anastasiae a legato, quae dimisi culpa, et malignitate ac invidia cujusdam, alias chari consanguinei mei C. A.

Circa decembrem coepi docere priorem Venetum et habitavi apud eum, bono conductus salario. — Vide ad finem fere libri hujus sub hoc signo :.... (3) (1).

1503

Aug. 9. — Ἑσπέρα, ἐν ὁικίᾳ Ἱερωνύμου τοῦ Γριμανοῦ (1).

1504

Jun. 12. — Veni Patavium daturus operam philosophiae (1).

1506

Sept. 21. — Cœpi aegrotare in domo Aldi Venetiis fluxu unius noctis, quem cum curare vellem inedia, incidi in febriculam lentam, mox sum atra bili vexatus tristitia tantum tenus, et suspicione majoris morbi et veneficii. Omnia haec, ex intempestivo potius quam nimio literarum studio et fortunarum adversitate (1).

(1) Il y a ici dans le manuscrit d'Udine une lacune des pages 127 à 160 ; ce signe de renvoi devait se trouver à la page 150.

1508

Jan. 5. — Ἔπη μου περὶ πανηγύρεως ἐν Οὐτίνῳ Λιβιανοῦ κελεύσαντος (1).

Mai. 5. — Maffeus Leo et ego discessimus Motta in Galliam Transalpinam (1).

Mai. 6. — Corneliani (1) ; Castrofranco (1). (2)

Mai. 7. — Turri confinium (1).

Mai. 8. — Villafranca ; Mantuae (1).

Jun. 4. — Post meridiem pervenimus Parisiorum Lutetiam, Maffeus Leo, Leonardus Venerius, patritius Venetus, Ludovicus Braga Patavinus et ego (1) (3).

E. JOVY.

(1) Conegliano.

(2) Castelfranco.

(3) Nous tenons à redire que les quelques fautes d'accentuation qui se trouvent dans la lettre d'Aléandre à Scipion Cartéromachos, proviennent de ce que les caractères grecs étaient en nombre insuffisant à notre imprimerie vitryate. Aucune de ces huit ou dix erreurs ne nous a paru valoir la peine d'être relevée dans un *errata*.

FRANÇOIS TISSARD ET JÉROME ALÉANDRE

(1er FASCICULE).

TABLE.

Vitry, Typ. J. DENIS et Cᵒ.